سعودية في أول سطور الهوى

للكاتبه فتون آل خليف

Order this book online at www.trafford.com
or email orders@trafford.com

Most Trafford titles are also available at major online book retailers.

Printed in the United States of America.

ISBN: 978-1-4669-8531-5 (sc)
ISBN: 978-1-4669-8530-8 (e)

Trafford rev. 11/23/2013

 www.trafford.com
North America & international
toll-free: 1 888 232 4444 (USA & Canada)
fax: 812 355 4082

سعودية في أول سطور الهوى

سعودية في أول سطور الهوى

الــــفهرس

المقدمة

١/ شغب الأحلام

سعودية في أول سطور الهوى

4

المقدمــة

لم أعشق قراءة المقدمات من قبل، ولكن في بعض الأحيان استرق النظر لبعض مفرداتها لعلي أجد ما يثير اهتمامي. لم أكن جيدة في المقدمات، لا كتابتاً ولا حتى حديثاً، فكم يسهل الحديث والكتابة مباشرة بتخطي الحواجز والمقدمات المملة. لن أعتبر هذه مقدمة لكتابي ولن أسميها مقدمة، بل سأسميها أحاديث أفكاري، هذا كتابي الأول وهنا نقشت حروف خلدتها الغربه في نفسي و أثارت الحنين. هذا أنا هنا أخط حروف قلمي. أخط مشاعري، أنثرها وأبعثرها على صفحاتي، هنا سأرسم خرائط وسأغزو الاحاسيس لأمتلك حباً صادقاً حباً تاه بين كلماتي.

هنا ستكون لحروفي قسوتها وحريتها وجرأتها وطهارتها ونقاءها،
سأطلق العنان لقلمي وكلماتي دون رقيب، فمصيرهما الوصول.

هنا سأنحت أحلامي اليومية
وفي هدوء الليل سأحكيها
هذا أنا وهذا قلمي ننجرف نحو السطور.

شكراً لمن ساعدتني على المضي بكلماتي والأخذ بيدي للمضي قدماً الى الامام.. سيكون هذا الكتاب ذكرى تخلدها الأيام شكراً لكِ يا أختي ♥

بدأت رحلتي

فتون

♥ شّغّبّ اّلّحّبّ

المرة الأولى

للمرة الأولى أشعر برذاذ الندى يداعب أصابعي

نعم لعشقي ونعم لحب سأروي عنه قصصاً وحكايا
وأغني فيه آلاف الأشعار

ماذا يمكن للحب أن يسمى؟
رجوتك يا قلم أن تلهمني بعضاً من خفاياك
ويا حروف . . تلألئي ... فما يوجد من إحساس بداخلي ليس حباً فقط

آه . . ما بداخلي!!!
لوصف مابداخلي، أرغب بقاموس حب لم يخلق بعد للأكوان
قاموساً يحتوي حبي وعشقي وكياني.

أيها الكون أنصت ... فقلبي بالحب يصرخ
صرخات هوى .. صرخات عشق وغرام

في الكتب .. في الجرائد .. على جدران المدارس
سوف أنثر الكلمات..
ولن يكون مستحيلاً نقش حبي على ماء الشطآن

سعودية في أول سطور الهوى

فـ هذا انا هنا. .
أتناثر وأرقص فرحاً
وأغني أحلى الأشعار

أيصعب على العاشق الولهان أن يتعطر بالألحان؟
بالطبع "لا"

فهاهي . .
سمائي تضحك
وأقلامي تتسارع لتخط سباقاً بين الحبر والنبضات

فللمرة الأولى:
ألمس الحنان .. وأتنفس الهذيان
وأنحت الكلمات
فقد اغتسلت عشقاً وحباً للمرة الأولى...

للمرة الأولى:
تتحدث المرآة .. فيكون السؤآل "من أجمل امرأة في هذا الكون؟"
من يعشقها
من يهواها ومن رسمي لها أبواب الخلدان

للمرة الأولى:ـ
التمسني عشقاً واحتضني غزلاً وارسمني فرحاً
فقاموس الحب بداء الألحان

قال حبيبي ... وقلت الى حبيبي

"قال لي حبيبي"

كيف لا أحبكِ
وأنتِ كتاب عشقي الذي لا ينتهي

كيف لا أحبكِ
وأنتِ حبر قلمي الذي لا يجف

كيف لا أحبكِ وأنتِ رحلة عمري التي لا تتوقف
كيف لا ...
وأنتِ مرتع ألمي
دفتر ذكرياتي
صور حبي
وثورتي وأغلى مافي خزائني

كيف لا أحبك...

قلت إلى حبيبي ...

يامن خط حروفه لتفترس أفكاري الشيطانية أنا في هواك يا سيدي طفلة
أرهقتها الحيرة فتاره أنصهر في الغرام وآخرى أتخبط معانقة فردوسية الأشتياق

كيف لا تحبني.. وأنا عندما أكون بين ذراعيك نبضي يذيب العظام
كيف لا تحبني.. وأنا من أيقنت لؤم عيناك وأقتربت منهما كقطة بيضاء
كيف لا تحبني .. وأنت من أمتحن قوتي وكسر مقاومتي بكلمة من شفتاه

ياسيدي.. أنت عاطفتي الغير مشروعة
وأنت الهوى الأثم
أنت من أثار في فردوسيتي اللذه
وأنت كل ماللعنفوان من معنى
وأنت صخب قلبي والأرتباك
سيدي ... أحبني أكثر ولتسمعني وقع نبضك مرهقاً من شدة الغرام

خيالات جنون

يا من كان في البعيد
يا من احتل خيالات الجنون
أهمس لك في أذنك وأنت هناك
بأن الشوق لم يعد يحتمل

أصبح الشوق بداخلي كحطب في ليلة شتاء
فنجومي متلهفة لعناق سمائك
وحنيني يقبل الاحلام

وبين الأحلام والهذيان
خلق للرؤيا كيان

وفي عالم الأحلام .. كان للاشتياق عناق
شوقي لك عنيد .. كطفل مشاغب يمزق الأوراق
شوقي لا يقبل الهزيمة فالحب معركتة الوحيدة
شوقي لك أسرار ليس لها أبواب
جنون لا يقبل بغير الحماقات
ورثاء لا يقبل البكاء
أرق لا يهدأ إلا بالضياع

أضلعي في جسدك

خاطري مشتاق لك
كيف لي أن أخطف قلمي ليرسم حروف شوق بداخلي؟
وكيف أمنع انفاسي من الانتثار على الورق محاولة الهروب إليك؟
وكيف أمنع عيني من النظر إلى روعة ما ربي خلق؟

أتعلم أن الحب لك انخلق .. وفي سحر عينيك أدمنت الغرق؟
ولولا هيامي .. لما اشتكى الورق

سارقي
ملهمي
حنيني
شوقي
ومسكري

"أقدسك"

أيا من ملك ما بداخلي من مسافات
وأحتل جميع رعشات المطر
وأثار في الحروف غيرتها

"أعشقك"

سعودية في أول سطور الهوى

"حبيبي"

هكذا يكتب العشق احتراماً

وهكذا ينقش:

أ   انحناء أنفاسي لعطرك

ح   حنين روحي لجسدك

وبرفق يتهامس الحاء مع الباء

ب   بين ذراعينا نغم الهوى يعزف

ومع الكاف والباء ملايين المشاعر تنهار و"تنزف"

"أنفاسي"

بين ذراعيك رجوتك أن تغرسني

وألحاناً لأذنيك اسمعني

وعطراً لأنفاسك انثرني

فلهواك وجد الحب

ولأنفاسك ولد الحب

13

سعودية في أول سطور الهوى

وبين هوى روحي وأنفاسك احتضني

هياماً

شوقاً

عشقاً

وغراماً

وتقديساً

"فالحب وجد ليكون أضلعي في جسدك"

سعودية في أول سطور الهوى

حروف الهجاء

حروف الحب أغرقتني/ تملكتني
من الألف تعلمت أن للكلام هجاء
ومن اللام وجدت أن للعيون سهام
وتمنيت من الحاء أن يخذلني ويحاول أن ينسيني ما يحمل الباء

فتوجهت إلى قبلتي في الحب .. وتمنيت من القمر تفسير

تحداني أنا وحبي
وواجهني بالعشق تقبيل

وكالقمر كل يوم يكبر وفي منتصف الشهر يحكي لي تفاصيل الحب
ويذيبني حنين السنين

تعلمنا من الصغر أن نرسم حروف الهجاء
وتعلمنا من الصغر أن المسافة بين الحاء والباء ثلاثة
بالجيم جمعنا القدر

وبالثاء ثورة حبنا تكبر

ولقيت التاء يتحدى علاقتنا

ولا هذا ولا ذاك قدر ينسيني ما يعني اتحاد الحاء مع الباء

سعودية في أول سطور الهوى

أخطف أنفاسي

كيف أخطف الأفكار

وكيف لي أن أجاري الأقلام

فقصة عشقي خرافية

كيف لي أن أوقف تسرب أنفاسي

من الانتشار على الورق

لتروي خيانتي فيك

وهذياني بك

أتعلم أن الحب لك انخلق

فلولا سجن عينيك لما أصابني الغرق

عناق الأيام

قبلاتك كنسمات ثلج على أفكاري تساقطت
انصهرت لبرودتها
وغرقت لحنانها
احتلت بعضي
واختطفت وعيي

وبين حروف خائنة
وحنان خائف
ارتوينا تعويذة الحب المحرم

بدأنا أسطورتنا
وفي صندوق الآثام غرقنا
فقد كنت لي الكبرياء

بدايتي كانت يداك ونهايتي ....

أصبحت ملكة الجميلات
كالفراشة الخرافية أضيء كالنجمات
ومسامعي أصبحت سجن للحظات
أصبحت أسيرة القوة القدرية
والرعشة المرئية

أنتظر الارتماء بين عناق الأيام ويداك

سعودية في أول سطور الهوى

لــك

ما الذي يمكن له أن يشرحك أو كيف للعالم أن يفهمني..
كيف أوصل الفكرة
فأنت كل ما أردت وكل ما تمنيت

بعد أن تسمح لي يا سيدي سأصنع التاريخ معك
بعد أن نرصع أصابعنا بتلك الخواتم المعنية بالأبديه سأهمسك تاريخاً
وأصنع منك حلماً لن يتكرر لسواي
ستحسدني عليك الفتيات

لمست فيك معنى رجولة العرب القدامى
تذوقت فيك غزل الشعراء
وأحسست بحنان الأب بين همساتك
وبين ذراعيك اكتفيت إلهاماً

جعلتني اليوم أميرة من قصص الخيال ورواية من روايات الغرام
اليوم لقبتني بملكتك وكيانك وروحك
وبسيدتك يا من آثار في قلبي الضحكات
طوقني بجناحيك وخبئني بين ذراعيك

أغرقني حباً وحناناً وقسوة
فالقليل من هذا والقليل من ذاك يجعلني أسكر في خيالك فما بالك لو
أغرقتني كلك

سعودية في أول سطور الهوى

عاجزة كلماتي عن وصفك
فلست مثل باقي الرجال
فلي أنا خلقت ولك أنا وجدت
نبض لقلبينا تكونا
هذا يصرخ حب والآخر ينصاع للعناق

هكذا أنا أدمنت إحساسي بك
وأسكرني أسلوبك

أتعرف كيف يمكن للمستحيل أن يحدث؟
بين كلماتك وعيني
ويداك وشعري
هكذا يخلق المستحيل

نعم تائهة كلماتي فكلي غارقة في الحب
متزاحمة أفكاري منصاعة لك
متسارعة أحلامي شوقاً لك
فكلي أصبحت لك ..

عاجزة

عاجزة
مترددة
أخذت أفكاري الحيرة
وكالسراب ضاع الحبر بين الأوراق
لا أعرف أأبدأ كتابتي بخط اسمك

أم أبدأ باسمك وأنتهي بحبك
لا، لا هذا ولا ذاك، سأحاول أن أرسم حروفك

وبين أول حرف والأخير سأشكو لك عن حورية البحر الدفين
لا ... لن أبدأ بشيء فكلي في حيرة

أأحبك؟؟ أم أحبك؟؟ أم لقلبك أصبحت أسيراً
أحاول معانقة أفكاري وجعلها تستنشق أنفاسك لعلها بالإلهام تأخذ
الحبر بيدي اليمين وتبدأ بكتابة شعر وغزل مثير

أخ، للمرة الأولى أقف عاجزة عما أريد
لم يكن الحب صعباً قبل قليل

سأحكيك سراً:
قبل قليل وقبل أن أمسك القلم الفقير
كان العصفور بداخلي يطير

سعودية في أول سطور الهوى

فقد كنت في أحلامي أسير
هناك في عالم الأحلام في عالم البرزخ المثير
وهناك بين النجوم والبنفسج وعدتني ألا تغيب

استيقظت من منامي ...
وقلبي آه قلبي ... كأجراس العيد
عواطف في لحظات لبست مخيلتي
أصبحت لعيناك استغيث

فقط بضع ثواني .. ارتميت مرة أخرى على منامي لعلي أراك من جديد

آه وآه من حب فيه أغسل ذنوبي بعصيان
آه من حب يحتل ذاكرتي لآلاف اللحظات
وآه من حب أشتاق إليه شوقاً يدمرني

يا من له بين الحروف كتبت
ويا من له كل الحبر يُسال
سألتك بالله ألا تغيب

فكلي عاشق وكلي حكاية أنت أولها وحبك نهايتها

عامي الجديد

رعشة الحياة قادتني إلى دربك
لا أعلم لما وكيف ... ولكن هذا هو لغز القدر

بتلك الكلمات أحسست إحساس الطفل ...
يبكي ويطيل البكاء ليلفت انتباه من حوله
وأنا أختلق الحماقات لمجرد الحصول على اهتمامك

مثل مجانين العشق وأساطير الغرام أصبحت أغزل الكلمات
وأمزق الأوراق كالتلميذ الاحمق
وأخربش الجدران كالثائر المنهك
فقط لجذب انتباهك

أعلم الآن أني سأسيطر على كيانك
فأنت "حبيبي"

ما بين جنوني وبعثرة الأوراق يوجد طفل مشاكس أثار كياني

هو... حبيبي

حبيبي

بنهاية عامنا ومع بدايتنا ...

وبلهجة لذيذة سأهمس في داخلك "أحبك"

وبحب مليئ بالخشوع سأتوسل لمكوننا خالقنا كاتبنا ...

"أن يبقيك ضحكاتي ... قدري ... أحلامي ...."

وأعدك أن أكون كالضباب الناعم على حياتك

وأعدك أن أكون لك كقطرات المطر المغزولة من القطن تتنفسها

فتتوه بين أنفاسك ....

بدأت القصة

وستبقى أحلى ذكرى في نهاية عامي

وسنعيش اللحظة في عامنا الجديد

سننقشها فرحاً وسعادة ... وتحقيق أمنيات

يا أغلى ما تمنت أحلامي ...

ستبقى أنت هدية من السماء لعامي الجديد ...

فليتك تقبل بعض كلماتي ...

"كل عام وأنت في حياتي"

سعودية في أول سطور الهوى

يا سيدي

أتسمح لي يا سيدي أن أشارك الحبر فيك
بين كلماتي وعدتك أن تكون سري الخفي
وبين الحروف همست لك أنه لن يشاركني فيك سوى "أنا وأنت ونحن"

ليس لي سيطرة على جنون فراشات مبعثرة
فراشات تلون الأزهار حكايات
تعتصر رحيقها من أحاسيسنا

لن أتسرع في نطق كلمات لساني
ولكن في القلب صورتك سبقت كل كلامي

لا، لا أعلم كيف للحب أن يولد في هذا الوقت البالي
ولكن أنت من خططت بيديك "الحب يكون متى ما يشاء"

لن أرتكب جرماً بل ستكون خطيئتي
ومعك سأكرر الخطيئة آلاف المرات
فللذة حبك تنهار جميع المعاني

24

سعودية في أول سطور الهوى

لن أتسرع .. ولكن تحمل نحيب خيالي
مهما منعتني .. هناك النهاية بالخط العريض تنادي

كبرت معك في أيام وصغرت بالحب ليالي
أياً كان في حياتي وفي وجودك لا تمنع حباً تراه يولد بين ذراعي
فللكبر معاك أعلنت انهزامي
وللصغر في حبك أغزو أيامي

ليس بعد ... ولكن ستكون بين اليوم والغد وجودي
ليس بعد ... لتتوق لذبذباتها بين أنفاسي
ليس بعد ... لتوعى كم ستكون الضريبة
ليس بعد ... وكوني متخاصم مع عقلي

فلن أتسرع في حكمي ... فأنت حب في الكبر وجدته
حب صداقة أم ما ترغب فيه تفاسيري ...
كل سنيني الباقية ستتغير
فقد كتب في كتابي صفحة جديدة
عنونتها بالبداية الجريئة

أتسمح لي الآن يا سيدي أن أعلنها
أم فقط لأنفاسك تريد أن تخطفها
ففيك غيرة الرجال العربية
وهذا ما يذيب أشلائي

أتسمح لي يا سيدي الآن أن أوشوش على أفكارك أن أضج بها أن أتذمر بها؟

أقر لك بأن ذلك البريق يريك بداية الطريق
فلتمسك بيدي ولتسمح لي أن أقاسمك الطريق
وبين بداية ومنتصف الطريق سأكون كجوهرة صغيرة أسلم لك كلماتي
وبعد أن تسمح لي خبئني بين أجزائك وأنهكني باهتمامك

ولتعاهدني مهما كابر الزمن علينا أن تبقى نفاذي
وأعاهدك مهما عاندك القدر سأبقى ثورة لروحك

فلتسمح لي ياسيدي الآن
فكل ما بداخلي سيرصع على الأوراق

فلتكن قصتي ونهايتي
يا سيدي

سعودية في أول سطور الهوى

بوح حب

نعم بحت لك بحب يقتلني
نعم مهدت لك الطريق لجرحي
نعم أريتك كيف الشوق في عيني دفين

نعم كل خربشاتي على الحائط سببها أنت
ونعم كتبت فيك جميع ابتهالاتي
نحت حروف حبي على الصخور
وبأظافري ودم يدي عهدت لك بحب ليس له مثيل
نعم ضعفت لحبك وتحت مظلته أصبحت أستغيث

نعم لحبك الدفين بداخلك رضيت
ولغيرتك المعدومة قبلت
ولكن إلى هنا ونكتب الخط الأخير
فلست من يذل الحب يستهين
ولست من يرضى بالتناقضات في الحب
أما أن تحبني أو لغيرك دعني "أستفيق"

رجل يثير الجنون

يا رجل يثير جنوني
كالطفل بين ذراعي تنام ومن أنفاسي تتنفس
عبثاً في غزلك ومدللاً في اشتياقك
ليت لي أن أكتب القدر بداية عشقي لعيناك
ليتني أمحو أياماً لم تكن فيها همسات أنفاسك

آه منك يا رجل سلب كل تضاريسي
وآه منك فقد نسيت من أكون في بعدك

يا رجل أخطف خطواتي لغزله
اسرقني بين ذراعيك وائسرني
فمن أجل عيناك شفتاي تصلي

ارتمي عمداً لتحتضنني وأقبلك ثم أسمي
أمشي حافية لأتعثر فينزف دمي
تنتشل أجزائي وبين نبضات قلبك أنحني

أتشبث في الوقت وخدع المشاغبين كالشياطين في رأسي
تارة أتلهف في استبدال أيام بأخرى
وتارة أتوق في خداع عيناي لتسترق اللحظات وأكون بين ذراعيك

أنا فقط من لها الحق لترتمي بين تلك الذراعين

سعودية في أول سطور الهوى

ولكن::
كيف لعيني أن تستسلم للنوم
وبداخلي إيمان بوجودك معها
كيف لخاطري أن يستريح وبداخله رعشة خوف
فكلها مقرة باحتضانك لها

حب معقد
حب عسير
حب غارق
حب عميق
حب مربك

حب مركب من أجزاء
أنت أنا قلبي وقلبك أضلعي منصهرة بين أضلعك
هكذا هو حبنا ... متمرس من خوفنا
لا سبيل إلى الخلاص منه

فداخلي تورط مع عقد حب أوجدتها ظروفك
حب عاجز عن فك العقد أو عن التنازل

حب مطوي على نفسينا
متورط بين كفينا كطفل يلعب أرجوحة

سعودية في أول سطور الهوى

حب ... أنت من يصنع رواياته
فلتأخذني لذراعين مرهقتان من الشوق
فلتأخذ ما تبقى مني ولتصنع مني أنثى منهارة بك

فلتحدد لمساتك على صدر يكاد أن تخترقه نبضات قلبي شغفاً بك
فلتكن عيناي محرم عليها النظر لغيرك
ولتكن قبلاتك بلاء لغيري وعذوبة لانحناءاتي

فلنرتمي بين ذراعينا وندندن مووايل حب
وغزلاً ليس عذرياً

فرغبتي فيك تثير جنوني .. ولكلماتك المتعرية أشتاق
لغزل يخلو من آداب العشق .. ولهيجان الكلمات من بين شفاتك
سأثمل

لن أرضى بحدود ولا أمد
فقط أشعر برجفات ضلوعي واحتضني
ودع الحب بيننا يتكلم
فلينطلق وليثر ضجيج حب صمت لأيام وسنين
فليثير حسد الحاسدين ...

حبيبي..
أحبني بلا حدود
وأحبني بلا قيود
أحبني بلا خجل
وأحبني بلا تردد

سعودية في أول سطور الهوى

أحبني بلا احتشام
أحبني باندفاع ووحشية

فلحبك أستسلم لتورد وجهي
ولخجلي سأعلن الانهزام

فهذا الرجل ما بين ذراعيه سأنام
وأستسلم للخيال والأحلام

والآن دعني أغرق في جسدك وبين قبلات حنيني ورعشات اشتياقي

فقط قبلني برفق لكي أنام ....

دخان الليل

أجادل الليل فيك
وأنهار باكيةً شوقاً لك
أحاور القيثارة لتعزف لحناً يوقظك من أحلامك
لتضيع بين موسيقى القيثارة ونبضاتي
يا سيدي وعاشقي ..

يبدأ الليل بالتسلل إلى المكان
فيأخذك من بين ذراعي لتنام
وقبل أن تنام تشعل تلك السيجارة
فيبقى لي منك الدخان

يا رجل ...

بين الكلام أشتاق لعينيك
وبين ذراعيك أشتاق لك أكثر وأكثر
وبينما أسمع صوتك يصيبني الهذيان
فلتستقبلني بين أحضانك قبل أن تنام

لتريح رأسي على كتفيك
وقبلني قبل أن تسرقك النجمات
فلم أعتد أن تغيب عن عيني

سعودية في أول سطور الهوى

يا رجلاً أهواه..

ما زال جدالي مع الليل مستمراً
فهو يهواك كما أنا أعشقك
وكلانا يريدك كما يشاء

أتعلم؟
أخبرت الليل عنك

قبلني وقال:
لستي كبقية النساء
فحبك معجون فيه الحب والوفاء
يتقلده رجل واحد لا يساوي بقية الرجال
حبه شغب، حبه احتلال، حبه انفجار
له لذة وحنان وعطف وهيام
فلنوقف الجدال بيني وبين الليل ..

فأنا من بيدها القرار
أن تعشق ذلك الدلال
أن تهوى عينا ذلك الملاك
أن تسير على خطى ذلك الحب دون انحدار

يا رجل ..
هويته في ليلة ليست كبقية الأيام
أحبني كما تشاء فأنت طفلي المدلل
ولا تغب عني كي لا أجادل الليل فيك
ومن ثم أنام ..

حماقات عاشقة

صديقي ..
اعذرني .. على كل الكلمات التي غزلتها لك
اعذرني .. على رسمك بين أوراقي
اعذرني .. لحماقتي ولصراحتي
أحسست بها تنبض
تفتعل الشجار مع شرايين دمي
كمطرقة تطرق صدري
لذلك هياماً فيك كتبت
ولكني أقدم اعتذاري ..

يا صديقي ..
أنحت الحب بداخلك لأرضي قلبي
أسمعك غزلاً وكلمات عشق لأرضي أحلامي
أطير معك معانقة السماء متيمةً بك

صديقي ..
نعم أسرفت في وصفك لهم
وانفجر صمتي بينهم
ولكني أعتذر ..
فلم يكن الحب اختياري

فقط ..
عيناك ويداك
جسمك وشفتاك
روحك وهواك

34

سعودية في أول سطور الهوى

ابتسامتك والغمزات
إثارة دمي ..

لذلك اعذرني ..
عن كل ما نطقت به
عن كل ما صورته
ولكل ما أثرته من كلام حولك
ولكل الحماقات التي ارتكبتها

ولتعلم يا صديقي ..
أن الكلمات التي أنحتها هي ملجئي الوحيد
لكي أشكوك لها
لكي أتغزل فيك خجلاً
لكي أرقص فرحاً
ولكي أحزن بها
فأنت يا صديقي
كلماتي وشعري
قصائدي وغزواتي
انهياري واحتضاري
نقائي وطهارتي

عشقي وغرامي
ولم تكن أبداً خياري أو قراري
من أجل هذا ..
لا أريد منك سوى أن تقبل اعتذاري

سعودية في أول سطور الهوى

غرورك والليل

تشبهني في غرورك
وسيطرتك وفكرك وأسلوبك

نحن الاثنان متعادلان
فلنا نفس العناد ونفس الجنون واللهفة
ولكن بين كل التشابه أراك مختلفاً عن بقية الرجال

اعترافاتي..
أولها أنك مختلف تثور بين كلماتي والورق
أشكلك بين حروف الغرب والعرب
تدخلني متاهة الأطفال وتعبث حتى تنام

اعترافاتي ..
لم يخلق مثلك في البشر
احتملت جنوني والسهر
رتبت كلماتي الغاضبة على الورق
لونت روحي بألوان الفرح

اعترافاتي ..
أنت مختلف يا سيدي
فقد استوطنت في داخلي
واستعمرت تاريخي
واستوليت على اهتمامي
وأنقذتني من الغرق

سعودية في أول سطور الهوى

اعترافاتي يا سيدي ...
كنت وما زلت مختلفاً عن بقية البشر
فبين يديك دللتني
وبين عينيك غرستني
وأفسدتني بحبك
وعلمتني أن تبقى بجانبي
وأن تسافر معي للأساطير والخيال

اعترافاتي يا سيدي ...
أنت من يتوقف لعيناه الزمان
وأنت من تثير غيرة كل الرجال
أنت من يرسم خارطة المكان
هكذا أنت يا سيدي
إنسان مختلف عن بقية البشر

وآخر اعترافاتي لتنام بسلام ..
عشقي لذلك المختلف يثور في داخلي كزلزال
يحرقني لغيرتي ويطفيني بالدلال
يشعلني بالحب ويغرقني بمعسول الكلام
يكسرني ويجمعني ويحتال على حبي
كطفل مشاكس محتال

يا سيدي ..
هكذا تشبهني ولهذا أنت مختلف عن بقية الرجال
أيها الرجل العنيد في مملكتي ..
بين ذراعيك ولد عصري

سعودية في أول سطور الهوى

ولمساء مع عينيك تسقط سلطتي
وبين كلماته والإثارة تثقفت أجزائي
ومن قبلاته تعلمت كيف يعزف على القيثارة
هكذا يا سيدي أنت مختلف ..

سعودية في أول سطور الهوى

يا رجل

لماذا؟
أشعر بالضعف أمامك
أفقد السيطرة على تصرفاتي
أشتهي أن أقابلك دون أي شعور

أي ملاك أنت؟
فبعد أن أعدت السيطرة على حياتي
وبعد أن حاربت الرجال جميعاً
وبعد أن أغلقت المشاعر وقذفتها إلى البحر
ظهرت أنت

لماذا؟
يلبسني جنون المجانين بحضرتك
أمارس علوم الدجالين لرؤيتك
أنطق حكم الفلاسفة لاجذبك
أردد أبيات الشعراء لغزلك

لماذا؟
تتغير ملامحي
تنعجن طقوسي
تنهار معتقداتي
ينهمر غروري
ينغلق كبريائي

وأعود مراهقة بين السطور

سعودية في أول سطور الهوى

لماذا؟
استعملت سحرك لاستمالتي
استعنت بالجن لاستحضاري
تتخذ الأخريات لتثير غيرتي

لماذا؟
أحزن لغيابك
وأكره عنادك
وأعشق شكك
وأتجاهل قسوتك

اليوم ياسيدي ..
عاقبت نفسي كي لا أذكرك
ذهبت مع غيرك لأثير غيرتك
أسمعت أذناي لكلام ليس بصوتك
وخانتك عياني بالنظر لوجه غير وجهك

اليوم ياسيدي ..
استخدمت جميع الطقوس الغجرية
ألفت كلمات من بين الحروف الفارسية
كذبت على حواسي لأشعر بلذة الانتصار
ومع كل هذا فشلت ..

فعيني تخونك في ملامحك
وذاكرتي لا تعرف غيرك
وأذناي لا تسمع غيرك
أيها الرجل المحتال على كياني ..

40

سعودية في أول سطور الهوى

أي نبيذ أنت؟
وما هو سر غرامي لك؟
فلم أقدر على خيانتك إلا فيك
ولم أستطع نسيانك إلا بذكرك

لماذا؟
الآن وبعدما تنازلت عن الحب لمن يستحق
وبعد أن أحرقت آخر عقوده معي
وبعد أن قطعت وصاله من عنقي
وبعد أن وجدت نفسي

ظهرت....!

كذبتي الكبرى

أبحث عنك يا جنوني..
بين الأيام والأشهر
أضيع بين الساعات والثواني
لأجدك بعدها في تاريخ ميلادي

جنوني وتحدياتي ..
منذ أن تعلمت أن أطير مثل الطيور
وأن أزرع البذور في الحقول
"وجدت في عينيك من أكون"

جنون ليس قبله جنون ..
قبلك كنت أعيش كذبتي الكبرى
قبلك كنت أختلق الصبر
قبلك كنت فراشة مجروحة الجناح

تحدياتي ..
أريد أن أبقى على حبك .. لماذا؟
لكي أتخلص من كذبتي الكبرى
وأعيش بقية العمر ولو ذكرى

لكي أتخلص من سحر المشعوذة المسعورة
وأشفى من مرض التفاحة المسمومة
لكي يلتئم جرح جناحي وأعيد الطيران في وجودك حرا...

سعودية في أول سطور الهوى

أريدك ...
وإن كنت تحديات .. سأواجهك عشقاً
وإن كنت واقعاً .. سأكون الخيال والأحلام

أريدك لي .. ليبقى الحب بداخلي
لتكمل أصابعي الكتابة
لاسترجع ماضي وأملأه بالذكريات
لذلك كله أسألك أن تبقى لي

أنت ..
من سيمنع الدموع من جرح وجهي
من سيخلصني من غرقي
من سيبقيني بخير
لي ... فقط أنا ...

أنت حب معقد
حب مفقود في هذا الزمان
لغة لم يستخدمها ملك الجان
كلمات لم تكتب إلا بفمي

أريدك ..
قبل أن يصدر حكمي بالإعدام
قبل أن يمحوا تاريخ الحب من عيوني
قبل أن يسيطروا على حروفي
قبل أن تغرد العصافير على الشباك
أريد أن أشرب فنجان قهوتي معك على شرفتي

43

سعودية في أول سطور الهوى

أن تجلس بقربي قبل أن يتم اختناق كلماتي
أن تعانقني قبل أن تغادرني عيناك
أن تقبلني قبل أن تنهي التاريخ وتهديه لغيري

والآن وبعد أن وجدتك في تقويم أيامي
سأبكي على ذراعيك لجرحي
لذلك أبقِ بداخلي حبك
هكذا كنت وهكذا أريدك تحدياتي وجنوني

تاريخي وتقويمي ..

برجوازية الماضي

لحظات من التفكير .. تسمم أفكاري
لتنبش ماضٍ وحاضر متناقضين
ماضٍ ... ليته يعود فقط لأصحح أخطائي
وحاضر ... أشتهي فيه أخطاء الماضي

بين رياح الأفكار تطايرت نبضاتي لتثير في داخلي رغبة لها من القسوة والحنان نصيب

اشتهيت أن يكون هناك من له أن يجمع بين أخطاء ماضٍ خلده التاريخ في أوراقي .. وبين مستقبل مختلف بعقلانيته المتمرده بعض الشيئ

اشتهيت أن يكون هناك حباً مليئاً بالعنفوانية
يفسد نفسي غزلاً وعشقاً برجوازياً
يشمخ في ذاكرتي بنتوءات من الرومنسية
أرغب من كل هذا أن يزلقني في عذوبة الحب
وأعيش بعدها مجابهة جسدية
بين حب متشبع بأخطاء من الماضي وبعقلانية من الحاضر والآتي

أشتهي حباً يكون ...
بلا قيود ولا قوانين ...
أرغب فيه أن يطلق عنان الحرية لأصابعي فأترك بصمتي على روحه
وبدوره يترك غزلة المتحايل على أفكاري
وأنساق لقصة حب أبدية
تتحايل على ذاكرتي فتريني براءة الماضي وجرأة الحاضر

أشتهي بهذا الحب أن تعود ترانيم الماضي
لتثير نبضات قلب هجرته ارتعاشات شقية

ماضٍ أصابه جمود التماثيل
فوقف عند تلك اللحظة بضحكة صبر وإذعانٍ
يذرف الأحزان امتعاضاً دون حراك

أشتهي لهذا الحب أن يزرع بداخلي فردوسية الحب
لأجد عبثية الماضي ... لأرى بوضوح

عطشي لحب رومانسي تحيطه شلالات صاخبة أرتوي منها قطرات
ماء فتقذفني لعالم "الحب" محيطاته .. فقط الحب

متناقضان

فلنبقى متناقضان
أرغب فيك بحراً تغرقني في شغب الأمواج
وترغب بي أماً تلعب بشعرك حين تنام

فلنبقى متناقضان
أقرأ أشعار نزار وأسلم قلمي لينجرف لمسارات الشعر والأحلام
وأنت تقرأ عن نووية الأرض ومما يتكون الإنسان فيخط قلمك فلسفة لا تعيرني أي اهتمام

فلنبقى متناقضين
فمن قال أن الحب فقط لمتوافقي الأفكار؟
الحب لمجانين يكتفهما الضباب ويرتديان رداء التصميم الأخرق
وهذان هما نحن "أنا وأنت"

فلنبقى متناقضين
فلي رغبة في استنزاف أفكاري المتناقضة بين يديك
ولتكن أنت متلهف لسماعها وتحويرها بين خشونة أوراقك فتتحول بعدها رواية بطلتها مجهولة

فلنبقى متناقضين
ولتكن أنت كهدوء النجوم في الفضاء الواسع عندما أثور
وسأكون أنا كالحمم المتطايرة من البراكين الغاضبة

فلنبقى متناقضين
بشهيق مجنون أزفر كلماتي طريقة في إيصال الحب لكائن مجنون
وبلسان ساخر تتمرد عليها طريقة لتثبت فيها كيف للتناقض بيننا أن يكون

فلنبقى متناقضين
فلكل تلك التناقضات التي تغدقنا بالألم اللذيذ
هي التي تخلق ترانيم عجيبة لخفقات قلبينا

فمع تناقضاتنا
عندما أراك ينكتم صوتي قبل أن يقارب شفتاي
يصيبني عجز في الكلمات
وعندما تراني تتوه بين عيناي فهما من أنستاك الكومة البشرية من حولك

فتعانقني لتخمد شرارات روحك الشيطانية
وفي تلك اللحظة تفقد ذاكرتك التناقضات

فلنكسر عنق زجاجة الحب الخانقة ونخلد حباً شرساً مخملي بلوري
بين عالم كله أشواك متشبع بالتناقضات

سعودية في أول سطور الهوى

حب، غرق، وفرح

رقصة الفرح أكاد أتقنها
تبدأ بترنحات خصر نحيل على موسيقى صوته
تتوسطها انحناءات جسد على كتفه
تنتهي بسقوط لعناق روحه
هكذا أبدأ درسي
وأكرر مراجعته حتى أجد طرقاً أخرى لمغازلته
لا تقلق فلم أصاب بالجنون
ولكن أصبت بداء الحب

هذه المرة سيلازمني إلى الأبد
لا، لا أريد له أي دواء سواه
ولا أريد أي طبيب غيره

وعدني بين ليالي الخوف سيغمرني بين ذراعيه
وها أنا أنتظر .. وأشتاق للخوف لأراه
حبه مختلف ..
فلا يوجد شاعر ولا كاتب استطاع أن يصفه
فبين عيناه تتوه المفردات

أشتهي أن أعانقه بين كل ثانية وما بين الثانية والثانية
أستأذن الساعات لأبقى معه

حبي له مختلف..

وما الفرق؟
49

سعودية في أول سطور الهوى

الفرق أنني عاشقة لحد الغرق

أنا عاشقة تطلب الغفران

أنا عاشقة مليئة بالحرمان

أنا عاشقة ألبسوها قانون الحرمان

أنا عاشقة تروي حكايا الحب ولا تعيشها

تتخيل ما تريد فترميه على ورق

ترميه لتريح أفكارها

أفكارها المصابة بداء الحرمان

هنا كان الفرق ...

ولكن ما زال حبه مختلف ...

أتمنى أن تمر السنين ويقرأ ما كتبت

ليتذكر حباً له ولد في داخلي

أتمنى أن يغفر لي بعدي عنه

وأن يقرأ كلماتي ليذكرني إلى الأبد

أتمنى أن يراجع صوري

ليجد كل ما كنت أخفيه من حب

ففي كل ضحكة ضحكتها كانت تروي له كلام عشق

وفي كل لمعة وجدت في عيني وجدت لهفة له

وفي كل تراسيم الفرح كانت مرسومة له

وفي كل خصلة من شعري الأسود سقطت على وجهي احتراماً له

كنت أنت مختلفاً ..

نعم أنت مختلف بكل زوايا الحب

نعم مختلف بكل ألوان العشق

سعودية في أول سطور الهوى

نعم مختلف بكل روح وجدها الغرام
ولأنك مختلف كتبت لك
وبكل بساطة أروي كل ليلة قصص عشقي لك

ولكن هل ستعذرني ذات يوم على كل هذا الحب؟
هل ستحتضنني قبل أن أذهب؟
هل ستقبلني قبلة الوداع الأخيرة ؟

نعم أريد أن أكون في حبك لي مختلفه..
أريد تلك القبلة بشدة
وأريد أن تسامحني فلم يكن باب الهوى تحت تصرفي
وأريد أن تعانقني بلهفة أخيرة
فذنبي أنني أحببت

نعم الآن بين الحروف أبكي
ولو كنت في البداية أرقص
هذه المرة الثالثة التي أبكي فيها لحبك
هذه المرة الثالثة التي تثبت لي فيها دموعي عشقك

فلتسامحني ... هذا كل ما أريد
فجريمتي أنني أحببتك كل هذا الحب
لم أكتب يوماً وأصابعي في سباق مع دموعي
تصبح الحروف مشوشة فتغضب الكلمات من عيني

لما الغضب .. فجميع أجزائي يجمعها اسمك
لما الغضب .. وأنا وعيوني وأنفاسي لك

أنت مختلف وحبك مختلف .. وحبي لك مختلف وغاضب من نفسي

أميري ..
صادفت الكثير في حياتي ولم أصادف سواك
سمعت كلام الكثيرين ولم ألتفت إلا لكلامك
لذلك أريد منك أن تذكر دائماً كيف كنت مختلف بداخلي وفي عيوني
مختلف بين أصابعي وروحي
أريدك أن تتذكر دائماً جنوني وترنحاتي الأولى لمراقصتك

أن تذكرني وتقول تلك التي أحبتني بصدق
أن تسرق لحظات من ذاكرتك وتذكرني ماضي لم يكن هناك عشقاً سواه
فقط لثوانٍ استرجع الأيام واحتضني
وثر بين كتاباتي وعاتبني وأصرخ بما تشاء
ابقِ جميع كلماتي في ذاكرتك
فأنا الوحيدة التي ترغب أن ترتمي للبحر بين أحضانك

لا تقسو وتذكرني دائماً عاشقة مرت في هواك
أنا فقط عشقتك فأذنبت
أنا الآن بكيت لأنني أحببت بصدق أحببت
أرجوك أن تأخذني بين ذراعيك مهما أذنبت
فذنبي الوحيد أنني أحببت ... نعم أحببتك

معجم الكلمات

معانقة كلماتك بشدة
أمسك قلمي قبل أن تسرقني وسادتي لعالم الأحلام
أتسلل بين سطور الورق ..
أرسم اسمك مراراً وأبحر في تفاسير حروفك لساعات

خذلتني لآلاف المرات أحاسيسي
فما بداخلي لا يمكن أن تمثله الكلمات
وأكرر الكتابة لتتوب الحروف وتكون معجم كلمات
كلمات لم تنطق من قبل لسواك
حروفاً لم تشهد حباً كحبي لك
نطقاً كنطق فمي لمسماك

"اسمهُ حبيبي"

في بعض المرات يتصور لي أنه لم يعد هناك ما يكتب
ولم يعد هناك ما يقال
ولكن أجد نفسي كل مرة أتفنن في حبك
وأنجرف تحت معالم اسمك

حبيبي..
سأحدثك قليلاً عما في حياتي الآن
كنت أنانية في صلاتي وادعوا لنفسي بما أشاء
كتومة لأسراري وفاقدة الثقة في من حولي
أحب وحدتي وأعشق غربتي
أذكر ذات زمان أني عندما أصاب بالعشق أغار

سعودية في أول سطور الهوى

واليوم معك تأكدت بأن غيرتي يلبسها شيطان
أهرب إلى البحر وأرمي عليه ثقل أمتعتي وأنهار
أرسم صوراً وأحدثها وألق عليها أغرب الأسماء

مجنونة أنا ...
واليوم جنوني بحبك أصبح لا يستهان

عاشقة أنا ...
تتردد على كتب القديسين والحكام
تبحث لك عن معنى يفسر وجودك في عالمي
وفي هذا الوقت والزمان
أبحث بخباثة الصدفة عن مبرراً لعشقي لك الآن

وبين الكتب والكلام أجد النوم في عيني مشتاقاً ليداعب وجهك في
الأحلام

سعودية في أول سطور الهوى

تفاصيل الحياة

عشقت في عينيك تفاصيل الحياة
أجد في قربك بداية المسار
وأرى في يديك لمسات الحنان

رجوتك ..
أن تكون لي أماً فقدها ابنها منذ زمان
أن تكون لي وطناً احتله الغرب وهجره السكان
أن تكون لي صديقاً أرتمي بين ذراعيه حزناً وفرحاً وقتما أشاء
وأن تكون لي حضناً أختبئ فيه عندما أخاف
ولتكن لي سماء أتلحف بها عند ينعدام الغطاء

فلتكن مسيطراً
مجنوناً
متحكماً
بارعاً
غيوراً
فلتكن كما تشاء

فأنا عاشقة لكل حالاتك

سعودية في أول سطور الهوى

سيدي...

عاشقة
مخطوفة الأحلام
سارحة التفكير

هي أنا ..

لم يكن بيدي ألا أحبك ولو كان لاحببتك
لم يكن بيدي ألا أضمك ولو كان لاحتضنتك
لم يكن بيدي ألا أقول عشقتك ولو كان لكررتها مراراً

في تفاسير الهوى وجدت ما كان ينقصني
ولعالم مليئ بالطهر انزلقت
لمعجم الحياة انسرقت

هناك وبين كل تلك الكلمات أخفيتك
وبين ضلوع قلب يكاد أن يتوقف من حبك ولدت

نعم يا سيدي أنا التي تلقي بنفسها بين يديك
لترتكب فيها جريمة الحب وتبقيها بين أحضانك بقية الحياة

سعودية في أول سطور الهوى

ثورة رجل

فلنبدأ مواجهة أفكاري ..
لم أحسب الهوى سيكون بهذا العنف
لم أخفق يوماً في تمثيل أحاسيسي على الورق
وفي هواك وفي عشقك أصبحت أجادل الحبر
أخطه بناحية ويجذبني للناحية الأخرى
كأنه يحاول أن يريني في أي بحر قد غرقت
لن أقول أني أتوق إلى أن تكون آخر تجاربي أنت
ولن أنحرف عن منعطف القدر
ولكن عنقي بين يديك .. فلتتلذذ بنزفه عندما تشتهي
ومع كل رشفة سينهار قلبك من الألم
فلن تحتمل ما قلبي لك حمل
أنت لي عمود لحياة انتظرتها بعد زمن
أنت جسر من عظامي أمشي عليه بأمان
أنت ثورة بدأتها لأنتصر

عزيزي.. ويا رجلي
عندما تلاقفتني الحياة وجدتك عند أعتابها لتثبت لي أنه ما زال هناك
أمل
عندما صرخت جروحاً مغسولة بملوحة البحر وجدتك على رمال
شواطئي لتثبت لي أنها ما زلت قادرة على المقاومة
عندما وجدتك اندلعت في داخلي حرب أهلية بين تصديقك وبين
وضعك من ضمن قائمة الذئاب من أكلة لحوم البشر

عزيزي ..
بين أصابعك ألقيت بثقل قلبي
وبين أفكارك سمحت لعقلي بالحديث
وبين أذنيك سمحت لصوتي بالأنين

عزيزي ..
بكل رقة أنحني احتراماً لقلبك
وأطمع في رحمتك ورأفتك
فداخلي لم يعد يتسع لأي خذلان
لم أعد تلك الشامخة كشجرة الصنوبر
فقد تلاقفتني بين أغلالها الأيام
وأسقطت أوراقي قسوة الإنسان

أرتعش بين كلماتي يا عزيزي..
فما بداخلي لا يحتمله إنسان
يسيطر على عقلي ضجيج السنين
أحاول أن أبعد ما أشعر به نحوك عن زحام الطريق ولكن أجدك من
بين كل الأفكار واقفاً دون حراك
أدرك بكل قوة الكون أنك لي
وأشعر بلهفة حبي لك
وأنت معي أفهم ما يعنيه الأمان
وببعدك يصبح الألم المحتال على المكان

عزيزي...
كنت للبشر حملاً صغيراً طرياً ينهش لحمه من يشاء

كنت للبشر وربما ما زلت لا أستحق الحياة
كان وما زال البشر وأقرب الأقرباء يرتوون من دموعي وينام على جرحي كأنني جماد

لذلك .. بين ذراعيك أحتضن كل جروحي
ولتطهر روحي بدموعي على كتفيك
لتلبسني عباءة النجاة وتبعدني عن أكل لحوم الضعفاء
لتأخذني بعيداً عن الجميع .. فلم يبقى لي سواك في هذه الحياة
انتشلني من عالم يملأه سم الغيرة
اقتطفني وأحلامي من بين الأشواك
التقطني من بين أناس قلوبهم سوداء
بداخلي يقين أني سأكون بين ذراعيك في أمان
ولكن حاول الرفق بي .. فما مررت به لن تحتمله جبال

هل لك يا عزيزي القدرة على احتطافي لبلاد أنا وأنت فيها فقط من عالم الإنسان؟
فلا يوجد جزء مني لم ينهش ولم يبقى مني ما يمكن له أن يتألم ..
فأنا كومة ألم مجتمعة في من كان في يوم من الأيام إنسان

سعودية في أول سطور الهوى

عصر التاريخ وعيناك

أغرق في قصص التاريخ

وبين معاجم الكلمات أبحث لك عن لغة أصف بها عيناك

أنبش في جميع الأديان علي أجد نبياً أو ملاكاً يشبهك

لم أجد في التاريخ سواك

ولم أجد لغة تختصر معناك

ولم أجدك نبياً ولا جان

وجدتك أكثر بكثير من ذلك

وجدتك عصراً لم يولد ليعيشه أي إنسان

وجدتك لغة يعجز عن نطقها أي إنسان

إلا أنا ..

فقد خلقت لأعيش عصور الإنس والجان معاك

ولدت وفمي ينطق بحروف لغتك

لم أوجد في هذا الزمان إلا لأجلك

سعودية في أول سطور الهوى

معطف خجل

أنا التي تعرت من معطف الخجل لأجل عيناك

أنا التي تنازلت عن قلادة العادات لأجل قلبك

أنا الممنوعة من الحب وأحبتك

أنا التي وضعت حبال مشنقتها على عنقها لأجل نبضك

يا سيدي ...

بين كلمة وأخرى أتلهف لجرح الورق بأحاسيسي

أتوق لانتزاع الحروف من عقلي وأنقشها على صخر من ورق

أغتصب المشاعر لتخط لك القليل مما أكاد به أن أغرق

يا سيدي...

أكاد أضيع بين الغرام والعشق

أنصهر بين السماء والأرض

أنعجن بين الكلمات والحروف

أختفي بين الفضاء والبحر

فما في داخلي ليس حباً عرفه البشر

ما بداخلي لك معزوفة تسللت إلى روحي بمساعدة القدر

أتغنى بك شعراً في مسائي

وأرددك أمنيات أول صباحي

وبين مسائي وصباحي أنحرف عن مسميات العشق والغرام والحب

والهيام وأمسك القلم

فلا يسعفني في وصفك مئات من لغات البشر

أردد اسمك كأنه تعويذة لولاها ما ظهر القمر

61

سعودية في أول سطور الهوى

أنحته على جدران ذاكرتي وبين حرف وحرف أختلس النظر .. لعلي
أرى بين الميم معجزات بحور عينيك
وبين البقية أحترق للوصول إليك

والآن فلتنهي مسائي بقبلات من شفتيك
ولتخرس بقية الأصوات بهمساتك
ولتطبع على روحي نبضاتك
ولتختلط أنفاسك بأنفاسي
فلك ولعشقك الممنوع مستعدة للغرق

خوف لايحتمل

لم يتملكني الخوف هكذا من قبل
لم يختطف نبض قلبي إحساساً كهذا من قبل
لم ترتعش أنفاسي لشوق كهذا من قبل
لم ترتجف يداي لحب كهذا من قبل

اليوم اختبرت جميع أجزائي
اليوم وبكل قوة انهارت تقاسيمي
أضلعي؟ أصبحت لا تحتمل ثقل خوفي

خوف..
لم أعرف ماذا تعنيه هذه الحروف إلا اليوم
عرفت كيف له أن يحتال على العقل عندما يشاء
وكيف له أن يميتني في لحظات
وكيف يلبس روحي كالشيطان
فاقدة لابنها .. هكذا أحسست
كمن لم تستطع النظر في عينيه .. هكذا بكيت
كمن لم تستطع احتضانه بعد اليوم ... هكذا توجعت

اليوم تألمت بكيت تخبطت في رأسي الأحوال
لم أستطع أن أبكي من شدة الدموع
لم أستطع أن أصرخ من شدة الوجع
لم أستطع التنفس من كثرة الأنفاس
لم تكن تلك مجرد ساعات زارت يومي
كانت دهور لم أشعر بمثلها طوال حياتي

سعودية في أول سطور الهوى

أنت يا من ظهرت في منتصف الطريق
يا من صدف الأيام ساقتك لحياتي
لتعلم أني عرفت الحب من قبل ولكن لم أعرف الخوف إلا اليوم
فلتكن قاسياً طاغياً على حبي
ولتكن متمرداً متعطشاً لحبي
ولكن لا تشتهي أبداً أن ترى خوفي
فخوفي كان ناراً أحترق فيها دون انتهاء
وبين تلك النيران .. شعرت بلهفة لوجهك
تمنيت حضنك
وأردت عينيك

كل هذا ولم أستطع وصف خوفي عليك

سعودية في أول سطور الهوى

لذة العشق

قدري ..
أنا عاشقة ... يتملكها شوق متمرد أهوج
أنا عاشقة ... لحد الهذيان
أنا عاشقة ... تجرؤ على الاستسلام للإدمان

نعم في تجاربك وقعت
وبين حنايا روحك كتب اسمي
وفي صفحات تاريخك سينقش عشقي

قدري..
لتأخذني ترتيلة فرح تتغنى بها قبل أن تنام
لتأخذني صيحات عابثة تهتف بها كل صباح

كم هو لذيذ عشقي لك
وكم هو مخيف

كم أنا عاشقة جائعة لحبك ولا أشبع
كم أنا عاشقة تنتظر الالتهاب لعشقك ولا تحترق
كم أنا عاشقة تعشق الغوص في هيجان أمواجك ولا تغرق

قدري..
أنا عاشقة عندما تختلس النظر في عينيك يتراقص النبض في شفتيها
أنا عاشقة عندما تهمس في أذنيها يندلق الهوى بين ذراعيها

65

سعودية في أول سطور الهوى

قدري ..
أنا عاشقة كلما أردت أن أستوضح عشقي لك
أعيش مجابهة جسدية
يستنفر الاحتمال من بين روحي ليقذفني
بين صدرك بكل وحشية
نعم أنا عاشقة مدمنة حبك بكل عبثية

وثيقة الروح

ما بين سكون الليل ورعشات النجوم
أجد نفسي هاربة منك إليك
أهو خوف من الظلمة؟ أم إحساس بالأمان؟

وما بين حضنك والقدر
أجد نفسي هاربة لذراعيك
فهي الخطوة التي سأكمل بها مابدأت أول الليل
وما بين عينيك ونظراتي
أجد نفسي أسلمك وثيقة الروح الأبدية
وأوقع على مصير أحلامي المخملية
لتكون أنت فقط ألت ليس أحداً سواك من له القدرة على إنهائي أو إبقائي

وهنا بين عقلي وقلبي
أجد نفسي في حيرة بين عقل يتمرد على قلب حنون يسرقه الحب في لحظة جنون
وبين قلب يفتعل العقلانية وعدم التسرع يصرخ باكياً ليذيب شموخ عقلي

سعودية في أول سطور الهوى

ضياع **

قصيدتي

قصائدي بدأت تتراقص على ألحان قلبي
عندما شعرت بيديه تلاطف ملامح وجهي
روحي نقشت أحلى كلمات الغزل
فـــ . . . بدأت ليلي أكتب فيه
أحلم فيه
أتأمل كيف له أن يكون بهذا "الدفئ" والنقاء
بهذا الهدوء

هل يحاول أن يكون هكذا؟
ز هـ ر ة أيلول أم ياسمينة بيضاء؟
يداعبها نسيم حزيران...

لا أريد له أن يرحل
ستكون قصائدي بعده حزينة
خائفة ,,, تائهة ,,, ضائعة ,,, مشتتة

كيف لي أن أجرء على قول مانزفته أضلاعي لحظة سماع نظراتنا تتهامس
كيف أجعل من اللحظة آلاف اللحظات
فلا أريد من اللحظة التي اجتاحتنا أن ترحل
فقد أسرتني بكلتا يديها وأحاطتني بالأسوار
أريد أن أجعل منها قصصاً وروايات

سعودية في أول سطور الهوى

حكايات
ثورات
انتفاضات

فـ ... تعانقت أرواحنا
كشفاه تعانقت لتهمس "أهواه"

أكاد أقسم بإله الأكوان
بأن عينيه تخفي:ـ
بحار مشاعر
أفعوانية حب
وأمواج حنين

"أكثر مما يتصور"

فـ ... هو يخفي حباً
عشقاً ... وألماً
حزناً ... وخوفاً

يريد مني "أن أجمع كل تلك الأوراق"
ولكن يتوسط الخوف بداخله
فـ ... هو خائف من بداية تقتلنا نهايتها
مسكين لا يعلم
أن قلبي يكاد:
أن يختنق
أن يفارقني من الخوف الذي يحتويني
فـ ... قد عانيت الكثير

70

سعودية في أول سطور الهوى

وكان أقربهم أخبثهم لقلبينا

فيا قصائد قلبي
أعيدي لي الحنين
أعيدي لي جنون الربيع
ويا نجوم السماء
ارسمي لي الطريق

سعودية في أول سطور الهوى

سأعود

تركني وجنون الليل
تركني بين علامت الاستفهام
ألملم مابداخلي من جروح "أبحث لجروحي عن جواب"

تركني أتفقد وجوه من حولي على أمل أن يكون هناك
وحيدة وحقيبة الذكريات بجانبي

همس بداخلي "سأعود"
وبداء بياض الليل يكسو شعري
ولكنه لم يعُد

أيا قدراً .. صادفته في طريقي
لماذا أصابني منك الجنون؟

لا لم يعد..
ولن يعود
ربما يعود

هذه أحلامي في اليقظة "فما أقساها من أحلام حين أنام"

حلمي بالصغر

كان عشقي .. وكان حلمي منذ الصغر
كان يرسمني .. ويلونني بعبارات من غزل
يحملني ويطير بي إلى كوخ من شجر

أفقت من حلمي بعد هذه السنين
فلم أجد غير شوق وحنين وعمر قصير
عمراً تآكلته السنين

يا من كنت حلمي بالصغر .. لماذا؟
لماذا لم تأخذني إلى ذلك الكوخ
فقد بنيناه عشقاً
وغراماً وسهر
هناك غرسنا بذور آمالنا
ووسادة أحلامنا

يا حلمي بالصغر
لم تعد لي القدرة على العيش في واقع السهر "الواقع المرير"
فقد أصبحت ... لا لا لا ... لم أصبح شيئاً

بل تبعثرت إلى:
شتات .. عناء
ورعشة أوراق في برد الخريف
ليتني أعود طفلة وأعيش في كوخي الصغير
وأقبلك وتكون بين أحضاني
إلى أن يحين المصير

سعودية في أول سطور الهوى

قسوة

كتب على روحي القسوة
أصبح يتفنن في أصولها

فمرة يجرح الإحساس
ومرة يدمر النبض في قلبي

أكره ذلك الحب الذي يجرني إلى المنحدر
وأكره أكثر نبضات قلبي بعد أن أتعثر

نبضاتي مثل طبول تردد صداها في الوادي
أشعر فيها من أخمص قدماي إلى رأسي

أناديك مشتاقة والشوق يكاد يفلت من بين ذراعي
تردني بجفاف يكسر أوراقي

سولت لي نفسي أن أكتم أنفاسي
تغافلتني وتنفستك خلسة لتريح من بين العظام ينادي

فكل مرة أسافر في خيالاتي لحب بين يديك يعاني
أجد هناك قسوة تعتصر روحي في منامي

آه لو تحترم حباً بين أضلعي يتوسل الشفقة
حباً سيتوه بين غرور وقسوة

سعودية في أول سطور الهوى

لا أعلم هل ستشعر بما لك في داخل الروح باقٍ؟
أبكي دموعاً تحترق فيها أوجاعي

أواسي أحزاني ببعدك وأمزق الاشتياق بكرهك
ولكن لا هذا يشفي ما بداخلي ولا ذاك يطفئ لهيبي

حبيبي...
أقسم ... فبداخلي لا أعلم ماذا يجري
أحبك بهذا أصبحت أهذي

لن أعقدها ولن أطيل في كلامي

ولكن ليس لنا السيطرة في حب أجبرنا عليه قلباً ضعيفاً محبوساً في فؤادي

سعودية في أول سطور الهوى

سمفونية الهوى

حبيبتك أنا .. ؟
تذكرني اليوم وبمدللتك تناديني
أين كنت وقتما كان ينفجر صوتي ليناديك
أين كنت حينما استيقظت تلك الليلة ولم أجد سوى فراغ خلفته في مخيلتي

عندما بدأنا قصتنا ..
بدأنا نخط الحروف الأبجدية
وبدأنا عزف سمفونية الهوى
نردد الأغاني شوقاً لعيني قلبينا
نداعب أطراف أصابعنا لتذكرنا بما قد لمسنا
نزور الأماكن في مخيلتنا سوية
نجري على شواطئ البحر في أحلامنا
ننام ونصحوا متعانقين في عالمنا

عزيزي..
علمتني باختفائك الحذر
علمتني التأني قبل أي قرار
علمتني الشك في كل من يتوقف في حياتي

اليوم وبين كلماتك ..
اشتهيت البكاء
أردت أن أتلاشى كرماد الدخان
ألا أسمعك
وألا أتذكرك
77

سعودية في أول سطور الهوى

وخوفاً من مصارحتك ..
وجدت نفسي أسيطر على الأحداث من جديد
وأبعدك كمن تحاول أن تحمي صغارها من بين القطيع
والآن .. لم أكن ولم أعد حبيبتك ولن أكون
وأنت في حياتي مجرد غريب

أوجده الزمان

سعودية في أول سطور الهوى

منفى الـروح**

ثواني غربة

ضجيج الحياة أخرس ضحكاتي
أصبحت للغربة لعبة تتلاقفها أوقات الضجر
فتحت للهواجس أبواباً كالشيطان يوسوس في داخلي

اليوم مع وحدتي أرجع للذكريات
لقد كنت أنا القريبة
كنت طفلتهم
وكنت أنا العزيزة

فتحت لي الغربة جناحاها
وبمغريات الحياة تلقتني
وبغرام أسطوري وعدتني

أصبحنا أصدقاء
وتفوقت في إبعادي عمن حولي
إلى أن أصبح من حولي لا يرحمون
وهنا عانقتها أكثر
فهي الوحيدة اللتي لم تتغير

احتضنت وسادتي ذلك اليوم الحزين
والأفكار تسللت لي كالشيطان الرجيم

أصبح يعاتبني لشعوري بالحنين

لم يعلم أن ما بداخلنا حب دفين

بياض الثلج

الثلج يغطي الطرقات ببياضه
أشعر بداخلي برسالة مخبأة لي بين تلألآته

الجميع بين المدافئ والحطب المحترق مختبؤون

وأنا من بين شباك غرفتي الغربية أنظر أو بمعنى آخر أستمع إلى رسالتي من بين أكوام الثلوج التي غطت جميع الطرقات

في داخلي حديث مع نفسي ...

الطرقات بيضاء وضوء القمر يعكس لمعات الثلج ... ولكن مع عجلات السيارات ترتسم التعرجات بين الثلوج فتعكر نقاءها

كذلك داخلنا .. يمتلأ الأمل داخلنا بالأحلام
ومع أول نكبة تصيبنا نشعر بتعكر الأفكار ونلوم الدهر على مشاعرنا

أنا متيقن أن نقاء الثلوج يمسك بيدي لعالم جديد
عالم به نقاء وروعة تلألئ النجوم من فوقه

لتصلني رسالة ...
بالأمل تفيض تمنعني من النظر إلى القاع
تخترق عقلي لتبعد الأفكار المشلولة من داخلي

لتثير صخب الأحلام المجنونة التي ستأخذني لبر الأمان ...

هل من حقي أن أثق بأفكاري هذه اللحظة أو أعتبرها مجرد هذيان؟

سؤال دار في داخلي بين حيرة وتردد
فلحظات أخضب أحلامي بالألوان
ولحظات أخرى أحاول إيقاظ نفسي من أفكار يمكن لها أن تكون نسيجاً وخِداع

أرهقتني الحيرة ... وبصرخة أيقظت ثقتي التي أصابها السبات ..
والتي كانت كالثكلى على جسدي تزيد الآلام ...

بعد سبات دام سنيناً وأيام ...
مددت ذراعيه لتستقبل قانوناً جديداً
قانون "أن عقلي هو المسيطر لهذا الإنسان"

الآن .. مع الثقة واستيقاظها وسيطرة العقل لأفكاري يمكن لي أن آخذ من الدنيا ما أريد من أحلام
لن أكون لقمة لمن حاول أن يهدم صروحاً حاولت استرجاعها منذ زمن

لن أكون تلك الصغيرة التي يستهان بكلماتها أينما يكن
فبداخلي جبروت إنسان
وثقة تشل المتصنع في مكانه
وإرادة ترهق الحاسدين أينما كانوا

عذوبة الثلج وبرودته أصابت عاطفتي وخوفي بالتجمد
فقد أصبحت ترقد في مقابر النسيان واللامبالاة

فلتصبح رؤياي واقع
وليكن حكم عقلي هو المسيطر
وثقتي بنفسي هي الأساس

فمن غيرهم لن أستطيع أن أنسف من استصغر بهذه الإنسانة

كانت بالبراءة تنجرف تصرفاتي
وكنت كتاباً يتصفحه هذا وذاك
تجاهلوا أية مشاعر من الممكن أن أشهر بها
فكل منهم أخذ يمسك القلم ويجرح في ذلك الكتاب ويطعنني بالأكاذيب كالسهام

لن أجعل الحزن يلبسني
ولكن أنا من سيلبسه ويلونه بألوان الآمال التي بداخلي

فسيكون ...
الأحمر ثقتي الشيطانية
والأبيض نقاء قلبي
والأزرق صفاء روحي
والأسود سينمحي من قاموس الألوان

أعلم لولاه لما حصلنا على عدة ألوان
ولكن أكتفي بما يغنيني عنه

يا من يزعمون الحكمة ...
قد خيم الليل والسواد على أرواحكم
وانتظروا تخييم أحلامي على رؤوسكم

سعودية في أول سطور الهوى

فبانسياب الثلوج على روحي

ومن بين أفكاري ونقاشي بين شباك غرفتي الغربية

سأنام معانقة:

أفكاري

أحلامي

ثقتي

قوتي

قدرتي

وأملي

لكي أبني حصناً على أفكاركم وعلى جروح تعمدتم أن تزرعوها في داخلي

ستكون كقبور الفراعنة ... لا يعرف لغزها غيري

ستنتهي حكاياتكم الآن

وتبدأ شمسي بالشروق على أرواح رشيقة

يانفسي

سنكون لبعضنا جيوشاً عندما ينام أحدنا يحميه الآخر

فلتدومي يا آمالي ويا أحلامي بإنعاش ذاكرتي

فأنا بحاجة ملحة لأكون أقوى كل يوم

ممتنة لنثراتك الرقيقة يا ثلج أشعرني بصبا روحي

غربة

عنوان عيوني غربة
طوقها بعدي عنك
اختطفتني من بين أحضانك
لتختبر صبري

دمار هو إحساسي في بعدك
أرتشف الأحزان كل يوم
وأقرأ القدر المرهق لعلي أجد منفذاً
أصلي ليلة القدر وأرهق دموعي وجعاً
وألبس الأسود حداداً على بعدك

أمي ... كم لصوتك تنادي بأسمي أشتاق
لرائحة شعرك ولدعائكي لي أناجي
للبقاء في حضنك وجدل شعري أشتهي

غربتي يا أمي أرهقت أوجاعي
أفاقت فيها أحزاني
والوحشة أغرقتني

لم يكن سهلاً الفراق
فيومها كتبت على نفسي الشقاء
فأي إنسان في الحياة يحتاج لوجه أمه كل ليلة ليذهب العناء
أما أنا فهنا بين البرد أتوجع شوقاً وكل ليلة أناجي ربي لحضنك أن أعود

سعودية في أول سطور الهوى

تعلمت في غربتي كيف أقسو على نفسي
وتعلمت كيف للشوق أن يحتال علينا

تعلمت كيف لي أن أكون نفسي وأن أعاند الأشواق
وكيف أجمع من بين الأوراق ورداً تلون آمالي
جروح الشوك من بين الأغصان علمتني الحذر

قريباً لتراب تدوسين عليه سأدوس
وبين أبواب البيت العتيق سأكون
ولهواء تستنشقينه سأتنفس

عندما أعود ...
لملمي آلامي فكلي جروح
وانثري أفكاري فكلي مهزوم
ودعي عيني تداعب الدموع
لتغسل روحي ولشوقي تزيل الهموم

آه يا غربة كم علمتيني وكم من دروس في الحياة أوضحتي لي
شكراً لك فلولاكي لم أكن أنا فتون
فانتظريني يا من بحضنها سأنام

ولدعائها سأرتقب

تناقضات

أيهما أشكي وأيهما أقوى
هي غربة في داخلي ممزوجة بإحساس النجاح الشهي
غربة ونجاح ربما لا ينسجما، ولكن هكذا كان مصيري

ولهذا لا أعلم أأشكي أم أعزف الضحكات ابتهاجاً
فلغربتي أحياناً أنجرف
وأحياناً أخرى للنجاح أطير
فهذا يحتاج هذا لكي يكون

غريب هو أمر هذه الحياة
تريكي الصور على نحو مثير
وعند الاقتراب منها تكون مائلة لليسار قليلاً

أشقياء نحن في غربتنا
حتى في نجاحاتنا نشعر بالنقص
فليس هناك من لنا أن نحتضن بعد تحقيق هدف

كم رغبنا في البكاء تعبيراً عن ضيق يتملكنا
وكم رغبنا في وجود من له نتكلم بما نريد من غير أن يخطئ في فهمنا
كم شعرنا بالنقص ولم نجد من يكملنا
حتى كثرة الضحك ترسل ذبذبات للآخرين بحزننا

سعودية في أول سطور الهوى

نتصفح الكتب لعلنا نجد فيها مواساة لأرواحنا
نخط الحروف بين سطوره لنجد الراحة والطمئنينة
إلى أن تأتي لحظات الليل الأخيرة
وعلى تلك الوسادة نسترجع جميع الأساطير المثيرة
ونعود بالزمن للماضي
ونعاتب أنفسنا لغربتنا لحظات
ونهنئ أنفسنا لنجاحاتنا ثوانٍ

فتأخذنا الأحلام من بين وطن نشتاق إليه
وبين وطن سيقدم لنا الأحلام على أطباق
ونعود حتى في أحلامنا نحتار
أصبحت الحيرة من بين حيرتنا تحتار

فليس هناك من له القدرة على ترجمة ما بداخلنا
فبداخلنا صراع كصراع الأديان
يحتلنا فكر النجاح والعودة لوطن يتلهف ليحتضننا

فلتتسلل الأفكار بين انحناءات عقلي
ولتثير داخله الأمان
فبعد عدة أيام سوف أرتدي لباس النجاح
وأهنئ وطني بنجاحي

سأرتمي بين ذراعيك
وأرويك من فرصة أنت من أهديتها لي
لن أبخل ... فكلي لك فقط انتشلني من هذا المكان

سعودية في أول سطور الهوى

رحيـــل وفـــراق **

سعودية في أول سطور الهوى

حكاية ملكان

يحكى أن هناك يوجد ملكان
إحداهما ينثر الحب ألواناً
والاخر يزينها أحلاماً

يحكيان لبعضهما عن قصص العشق
وكيف هذا يعشق تلك
وكيف هذا عانق تلك
وكيف تلك وهذا معانقين عواطفهما

ومن بين تلك الليالي
الملك الناثر للألوان أصابه الكتمان
فقد أصابته لعنة عاشقان

عرفا كيف للحب أن يخلق الإنسان
يغيره ، يشكله ، يصقله
يحكمه وينصاع لأوامره دون وعيان

كان عشق الأكوان يسري في داخلهما
محاطين بنجوم تسترق الأضواء حسد
والاجمل من ذلك كان مولوداً في داخلهم الحنان

ولكن مع مرور الأيام وبلعنة ملك الألوان
كما السحر الخانق يحيط كليهما
أصاب حبهم المرض فأصبح للحياة ينازع
وبقسوة إحداهما أصبح في المكان فراغ

وبِبُعد الآخر هَجر المكان

حبيبي:
لم تولد للحب قسوة . . وان وُلِدت سوف ادفنها حباً
وبثناياي سألد لك حبنا من جديد
وأبني حوله الأسوار من حديد
وأحيطه بالمعوذات
وقبل كل هذا وذاك لن أريك للاستسلام طريق

يا من كنتي حبيبتي:
حاولي فلن أعدك بمتابعة الطريق
فمن كثرة خذلاني في الهوى أصبحت للمشاعر طليق
وللحب أصبحت غريباً
فليس لي أمل سوى كلمات نطقتي بها
وأخاف أن يضيع
أو تنمحي كلمات وتحتل مكانها جراحات

مرت الأيام متسارعه والساعة عاجزة عن التوقف
القلب منحنٍ يتوسل
والحنين للشوق يرأف

سعودية في أول سطور الهوى

حائرة أفكارهما
متناقضة كلماتهما
متسارعة رغباتهما
فليت تلك اللعنة تنصهر
وتتطاير كالغبار

ولم يكن بيد الملكان سوى الصلاة
والدعاء لحبهما بالبقاء
ولكن لم يكن لغير القسوة في قلبه مكان
فخسرها وخسر أياماً للحب تنعى
وبدموعها عانقته مودعه
وبقبلات باردة على جبينه ارتسمت طلباً للرأفة

فتركها وحيدة في تلك الزاوية الكئيبة تجمع آلام السنين تارة وتنصاع
لضحكات الحب والحنين تارة أخرى

هكذا أصابتهم لعنتك وهكذا افترقا!

هكذا هيَّ

هكذا هيَّ
تحزن فيكتف الخوف ضحكاتها
تذبل كلماتها فيجف جرحها وتتساقط معانيها
تمتلئ بسطور فارغة يحوم حولها الهذيان

تتجاهل الحروف
فيفارق الحبر الأقلام

تقسو فتنتشر الكلمات
وتتوه معاني الأحلام

هكذا هي مرهقة أفكاري
مزدحمة ومكتئبة لحد الكتمان

أروع من حكاية

ولا أروع من حكاية
قال من حولنا "لا يمكن لحبيبين أن يبقيا أصدقاء"
ولكن ماذا لو هذا ما شاء القدر؟

أعوذ بكِ يا صغيرتي بالسنين
سأحكي لكي سراً بداخلي يرقص خجلاً

حبيبتي ..
ليس هناك عشقٌ محرم
فالعشق لايفرق بين الزمان والمكان
نعم عشقت ذات زمان
وأصبح للكون من حولي نكهة مختلفة
فأصبحت أتوق لمعانقة الصباح
ولملمة بقاياي قبل حلول الظلام

كنت على ضفة النهر أنتظر كل مساء
نودع شروق الشمس بالعناق
وعدته هناك "سأحكي قصتنا لملاك"

وعدته أن يكون حبي له مختلفاً
ووعدته أن أكون بجانبه هناك
وعدت ولوعدي أقف احتراماً

سعودية في أول سطور الهوى

أصبحت بالشعر أهذي
وكالمحموم أنادي بالحب
أرتمي في منتصف المنام بحثاً عن السحر
فالإحساس بداخلي كان مثل التعويذه ارتشفت قطراتها فاحتلتني
ليس حب ولا عشق ولا أي شيء عرفته الأزمان

مختلف .. يثير الرقصات
عندما أرى ملامحه يصيب تفكيري الانهيار
أقف أمامة فاقدة الوعي وأنسج الأحلام
اجتهدت ليلاً ونهاراً باحثة عن معنى غير الحب لما كان

فشلت فشلاً ذريعاً ...
فما كان بداخلي صعب أن يترجم بالكلام أو يتوه وصفه بين أربعة حروف

أنا والورق الممزق كل ليلة نبحث عن حب لم يقال
نغزو أفكاري نحتل مشاعري وللنوم ننهار
بعد فقداني للأمل أصبحت لكلمة "أحبك" أسترق
أحاول أن ألحنها أرددها أغيرها أقلبها على أمل أن أجد للمسجون بداخلي استقرار
عجزت.. نعم أعترف ... ولكن للوعد ما زلت أوفي
حتى بعد ما كان ...

فما كان . .هو :::
أحسست بها فلم يكن اسمي مخطوطاً بجانب اسمه في السماء
لم يكن قدري ولم أكن من ستسترق النظرات من عيناه قبل أن ينام
لم أكن تلك اللتي سيكمل العمر جانبها

أو يشيخ معها ويعانقها الحب والنقاء
ولن يملأهم الشعر الابيض سوياً
فقد كان لكل منا قدره في الناحية الأخرى من ضفة النهر

تداركنا العشق والحب
تزاعلنا وتباكينا ... تراضينا وتعانقنا
وللقدر ... تقاسينا

خرجت كلمات مبحوحه ...
لن تكون بداخلي مثلك أبداً
لن تسرق مايحتويني لك
وإن وصفوني خائناً
فأنتي .. أنتي من لها هذا الجسد صان

تداركت الدمع للحظات..
تنازعت كي انتقي الكلمات
حبيب العمر أنت
تمنيت أن يعانقنا القدر وأن يطيل مسافات الفراق
ووعدتك أن تبقى للأبد محتلاً لي
ووعدتك أن أحبك بشكل مختلف عن جميع الناس
وفوق هذا وذاك أعاهدك بألا أنكر وعودي في يوم من الأيام ولن أسمح لأفكاري أن تشتاق لغيرك

أنا التي للعشق أنصاع وأنا التي كلماتها تهز الجبال
أعدك أن نبقى طوال السنين أصدقاء
ولو كان الحب بين عيوننا يشتاق ... تحمل فأنا أيضاً يصعب على قلبي الفراق

سعودية في أول سطور الهوى

وعدتك ووعدتني ,.. بقيت لك وبقيتي لي
مع الغير بالجسد ولكن الروح معك دائماً ومع هذا لك تشتاق
لم يوجد ولم يخلق من يحتل مكانك
وستبقى كلماتي لك وحدك ...

سأعانق التراب ناطقاً اسمك فقبليني قبل أن تعانقي غيري

تسابق الدموع في اعيُننا
وبالملح نخمد جراحنا ونكابر من أجل حباً لم يُكتب له في القدر عنوان

يا ملاك ... انتشلي يدي فلتأخذيني لهناك فبداخلي وعيني ترغب فقط في معانقته قبل الوداع ...
أريد أن تغمض عيناي على حديث بين قلبينا سينهار
أريد أن تكون آخر لحظاتي دموع حب متلهفة لحضنه

"جمعهم شوق ملأ الكون بجنونه .. تلاقت عينها بعينه وللعشق متلهفة ... بين لمعة العيون دار الكلام ... فعانقها وكل منهما أغمض عينه على الآخر مودعاً هذه الحياة... فمصيرها كان هو و قدره كانت هي "

كن بعد فوات الأوان

سعودية في أول سطور الهوى

صفعات الحنين

صفعات الحنين تلومني
و أوتار الهواء تتلقفني
كالفراشة المهاجرة بين الأغصان أصبحت

اللوم يصفع أحاسيس الحنين
وأرتمي لتلتقفني أحضان الهواء

أصبحت كالفراشة المهاجرة الضائعة بين الأزهار
أرتعش وأترنح بين الأماكن

غريب هذا الصباح
فالغيوم تعتصر حزناً
والأوراق تتساقط ألماً
وبين فنجان القهوة وأفكاري
تزداد مرارة أحلامي

رائحة الخبز تتسلل إلى أنفاسي
ترسم لي أملاً ما زال باقٍ

في تلك الزاوية تناثرت أحزاني
ولأوراق جريدتي رميت آلامي

فالبعد قاسٍ مهما كانت قوتك أيها الإنسان
مهما تمردت على الزمان ومهما تكبرت

سعودية في أول سطور الهوى

حنين العودة يلازمك أينما كنت
نعم، شوقي أتعبني

أرغب بالتناثر بكاء
أرغب بالعودة فهناك ولدت أنفاسي
هناك خطوت أول خطواتي
هناك نقشت أول كلماتي

نعم، سأعود قريباً
وكطائر مفترس سأرتمي شوقاً
فلم أعد أهواك يا فراق

ولم أعد لأحاديثك أشتاق

سعودية في أول سطور الهوى

الشاهد الوحيد

بين شموخ الذكريات المحتلة لعقلي
نبشت فيها عن ورقتي الأخيرة
وجدتها ممزقة وفيها كتبت

"عندما أبحث عن هذه الورقة فأنا مستعدة للرحيل"

هكذا كان الاتفاق بيني وبين المصير
والحياة هي الشاهد الوحيد
بالفعل وقعت في حب ذلك المتسلط اللطيف
عاطفتي كانت تريني في غطرسته لذة
وولعي يريني في سيطرته المستبدة احترام

ولكن غيرتي ... آه منها
تسقط الكلمات بسببها بغتة
يدور بيني وبينها حوار الطرشان

ولكن الحق معها ..
فأنا أحببت وبشدة
رأيته يرسم كلماته عن لقائه القديم بها
وجدت حروفاً خطها لها
كلمات ربما قالها لي ولها

أوقف قلمي عن الحركة
فأنا أغار وبشدة
أحسست بمناخس الأشواك تنغرس في قلبي وبقسوة
حاولت الاسترسال في خداع نفسي والتغلب على غيرتي ..
ولم تكن لمحاولاتي أية حيلة

حاولت ضبط أعصابي واصطناع الكياسة
ولم يكن له من داعٍ
فبين صورته خط كلماته لها
وللجميع أثبت حبه لها

ومن أنا .. ماذا عساي أن أكون
هل أنا امرأته المصنوعة من الورق؟
يمزقني متى ما يشاء؟

شعرت بالامتعاض
ومزاجي الزئبقي يمكر بذاكرتي

نعم أحبها في السابق
والآن أنا الأنثى الوحيدة في حياته
ولكن هناك كتب أنه "يحب الحياة, ولكنه يحبها أكثر من الحياة"

كان معها يعيش أحلى الأمسيات
كان يتراقص معها على طرب الأغنيات
معها كان في جميع الأماكن يخلد الذكريات

هنا تشتعل أعماق الجحيم بداخلي
فلم يبقى لي أي مكان ليبقى ذكرى
ولن يدعوني لتلك الرقصات فقد أنهى رقصاته معها
آه منكِ ياغيرتي ..

بلسان ساخر تخدش أذني
أحبها في كل مكان
وبلهجة دمثة
أخبرها بحبه لها وقبلها في جميع الرقصات

بائسة أعيد قراءة كلماته لها
"أحب الحياة، ولكن أحبها أكثر من الحياة"

إذاً ماذا تبقى لي؟
يموت صوتي المبحوح قبل أن يصل إلى شفتي
منهكة كلماتي
محصورة أفكاري في ذهني

أرى أجزاء روحي تترامى على الورق
كالحمم المتساقطة على الأشجار
بداخلها تتلذذ في حرق الأوراق قهراً
وبين الأغصان تعضعض القسوة ألماً

فقد أحببته أكثر من الحياة .. فهل يعني أننا متساويان؟
ولكن حُبهُ لها وحبي لهُ ..
هكذا أمضيت نهاري

سعودية في أول سطور الهوى

أحصر الأفكار على خيالي اللجوج
فتتملص غيرتي من بينها لتنزلق
مرة أخرى لتروي مشاعري بمرارتها

أحبها أكثر من الحياة .. إذاً ماذا تبقى لي؟

سوى أن أبحث عن تلك الورقة .. لأستعد للرحيل

سعودية في أول سطور الهوى

وجع الاشتياق

في ذاكرتها ما زالت تعشقك
وبين طيات الحنين تتنفس عطرك المخبأ في خزانتها
تحتضن بقاياك كل ليلة معاتبة القدر لما أخذك
تنتقل حافية على صخور كالمسامير
لتخفي وجعها على افتقادك

في داخلها يقين بأنك تزورها كل ليلة قبل أن يخطفها المنام
وتعلم أنك تسمع صدى صوتها الأخرس
وعندما تغمض عيناها تقبلهما لكي لا تدمع
هكذا أنت تعلم أحوالها ...

كيف لمنهارة مثلها أن تعلم كيف هي أحوالك؟
أما زلت بعد أن احتضنك التراب تدعو لي
وهل هناك تشتاق لي

وهل تتألم بسبب حزني على فراقك؟
لن أحزن لو كان في الحزن عذاب لك
لن أبوح ولن أهمس شوقي المتفجر لك
ولكن اطلب من الرحمن أن يحتضني مثلك التراب فبعدك أصبحت
غريبة في عالم تملأه الكآبة

❖ أَلْحَيَـاة

منعطفات الحياة

وتصبح منعطفات الحياة أصعب كل يوم
أصبحت مشتته فاقدة للذاكرة

قدرتي على التحمل أعلنت وصولها للحظة الأخيرة
أعلنت إقلاعها لشخص يملك تلك القدرة

أصبح يومي إرهاق وأوقاتي أصبحت ممتلئة
ولكني ما زلت متمسكة بذلك الخيط الرفيع
إما أن أصل وإما أن تنقطع تباعاً له ثقتي بنفسي

أعلم بداخلي من يمسح على كتفي ليخبرني بأني
"أستطيع التحمل أكثر"
فبداية الطريق كنت وحيدة ومازلت
بالرغم من لؤم الحياة "الزمان" وحاجة الحيوانات المفترسة للدماء

أتنازل كثيراً للإرهاق الفكري
وأصرخ هنا سأتوقف عن مواصلة الطريق
وهنا سأغلق الكتاب

ولكن...
بداخلي يصرخ الكبرياء
ليجبرني على البقاء
ولأعيد التفكير قبل أن أعود إلى هناك

سعودية في أول سطور الهوى

هناك ..

ماذا هناك؟ هل أنا في كامل قواي العقلية أم ماذا؟
لم أعد أملك شيء هناك سوى ذكريات وأفكار أخطأت في حقها
وواقع فاقد للذاكرة
واقع أتجرع مرارة حقيقته كل يوم

لحظات كذلك الثوب البالي لم يعد يستر تعري أفكاري العارية

أصبح الحلم مجرد قسوة أيام
نرغب فيها ... بشغف ... بلهفة

فيا أحلامي .. التفتي لي فأنا هنا بانتظارك
فقد أكثرت من العلاج ولم أشفى

ولكن..
أعلم أن علاجي بين تلك المنعطفات
التي رسمت بدايتها ذات يوم ومازلت أبدع في إنهائها

فتقبل مني خيباتي

نهاية البداية

ليست إلا ترنحات تفصلنا عن الواقع ..
ولكن من يملك قدرة الوثوق به؟
نغمض أعيننا لسواد الليل
والأمل يملئ أطرافنا
نستفيق وليتنا لم نفق
فها هي لحظة الواقع ..

كم وكم تجرعنا حسرات الألم
رغبة منا بالوصول
وكم تلاقفتنا الأيام لتثبت لنا كم نحن أغبياء
ولكن بداخلنا هناك في العميق البعيد
توجد نجمة تضيء ما تستطيع

وفي المقابل تنتظر من يثير أشعتها
العزم
والقوة
والإرادة
والثقة التائهة بين السطور
والكلمات المخفية في أعماق البحور
سيصل كل منا لنهاية الطريق

وهنا يخطئ الجميع

فلم تخلق للطريق نهاية

فدائماً يمكن أن نطيل الطريق

العام الجديد

خائفة، هذا أقل ما يمكنني
فبعد أن تتنازل الأشجار عن أوراقها سنبدأ عاماً جديداً
في داخلنا رغبة بالصراخ
لإيقاف الزمن
لنراجع تاريخنا

كم من جراح أصابتنا
وكم من ابتسامة فارقتنا
وكم من دموع هاجرتنا
أولم يعد العزم والإيمان بداخلنا

لماذا لم يعد بمقدورنا إثبات سيطرتنا
لماذا لا نفعل ما نقول ونقول ما لا نفعل
نتحدث كثيراً، نتغابا كثيراً
ننجرف نحو ملهيات الحياة
وننسى الطريق

يا لسخرية القدر، نتحداه فيرد لنا خيباتنا

وكعادتك أيها الإنسان
ستكون لك طموحاتك وقراراتك للعام الجديد
وستبدأ تحدياتك ولكن ستنتظر للحظة الأخيرة لتعترف بضعفك

سعودية في أول سطور الهوى

بكثرة كلامك
وانتزاعك للوقت
وهجرك لداخلك
تحديات هي أحلامنا

يدور الحوار بيننا كل ليلة
على تلك الوسادة اللعينة
فتملك أحلامنا وتسيطر علينا بالتسلل إلى النوم العميق

فما أقساك يا إنسان
ويا لكثرة ذنوبك في حق نفسك
تريد الكثير والقليل ممكن أن يكفيك

مهلاً فهناك من يمهلك ولن يهملك
دنيا بأظفارك تنحت تمسكاً بها
وبنفحات هوى تتنازل عنك

الامتحان

كل منا يجتاز الامتحان بطريقته
هناك من لا يستطيع تجاوز مراحله الأولى
وهناك من يتفوق على الجميع

أما أنا فمن المتفوقين في تجرع صعوباته
وآلامه وخيباته
فكم من مرة أعلنت الوصول لنهايته وأتعثر في آخر السؤال
بحثت عن طرق لأغشش بها ممن حولي ...
فتمردت كالطالب الكسول .. وغشاً بحثت عن الجواب
لم أجد سوى مرض من أحب، وفقدان من أعز
هكذا كتب الامتحان..

سمعت ذات يوم طبيب يهذي
"علينا تقبل واقع المرض لنشفى ولا نتفاجأ من فقدان من نحب"
وهنا يكمن الاختبار ... أعلنت نتيجتي
راسب مع مرتبة الشرف

فحبي لمن حولي لا يمكنني من تقبل خسارتهم
أرتمي بين أحاديث هذا وذاك طامعةً في إيجاد جواب
جميعهم ذات المنطق يتوسمون

إما أن تتفوق وإما أن تتحطم، فتبكي
لا يوجد خيار، إما ضحكات وإما دمعات
وهنا أتوقف عند خياراتي
فلا أريد لخيالي السفر بعيداً

111

سعودية في أول سطور الهوى

عارية القدمين

عارية القدمين
والبرد يجرح براءتها
كزجاج تتجمد الدموع في عينها

تراقب من بعيد
جميعهم يذهبون لتلك المدرسة

هذا يقبل والدته
وهذا يحتضن جدته
وهذا يتعارك مع والده

إلا هيّ

كل يوم أراها هناك
بثيابها الباليه المليئة بالرقع
وشعرها الأشعث
تقف في تلك الزاوية
وبشغف تراقب

ذهبت لكي أحدثها
"في عينيكي البراءة وفي وجهكي الحزن يطبق وشاحه"

صافحتها ..
فشعرت بجروحها

112

حدثتها..

أنا: أو تذهبين إلى المدرسة أيتها الفتاة؟

يكاد الخجل يدفئها

هيَ: أو من هو مثلي يستطيع؟

أنا: ولما لا؟

هي: لم يكتب لي سوى الشقاء

وبدأت كلماتها تنهار..

لماذا أنا؟ لماذا كتب علي هذا العناء؟

ما زلت في الثامنة وأعلم ما يكفيني للبقاء

درست فنون الفقر والعناء

وحفظت كيف أعاند الحياة

فلا أم تحتضنني

ولا أب يقبلني

فكلاهما فارقا الحياة

هيَ: أتعلمِ أن فلان لم يحضر اليوم؟

أنا: وكيف تعلمين؟

هي: أراه كل يوم يقبل والدته ويحتضن حقيبته

ويودع والده

عانقتها لتودع الآلام

سعودية في أول سطور الهوى

فصرخت..

أهكذا هو الحنان؟
فقد تعلمت كل شي
إلا كيف يكون العناق

كيف لبرائة الأطفال أن تعاني
ولماذا تعاني
وهل تستحق أن تعاني
كلها أسئلة تنتظر الإجابة

لبست الحزن لوحدتها
وعانقت الورد لرقتها
فيالها من حياة

تهدي الشقاء وتهدي العناء

أهي الحياة السبب أم من؟

المنطق

غريبة قصص الحياة
نبني توقعات ونصحوا على أخرى
نرتاح لأناس ونخسر آخرين
نكره البعض ممن حولنا ويكونون الأقرب لنا
نجمع الكره تحت وصف واحد
ونبعثر الحب لصفوف

بينما الواقع واحد ...

لم ندرس فنون الصدق
ولم ندرس كيمياء مراعاة مشاعر الآخرين
ولم ندرس فيزيائية الصدق مع الآخرين

بل تعلمنا أن نحب من لا يستطيع مبادلتنا
وتعلمنا القسوة وتجاهل الطيبين
فوصفنا الطيب بذي العقل الصغير
ووصفنا المتطفل المتكبر بالمثقف
لماذا وصفنا كل واحد هكذا؟
قلة معرفة أم إفراط في المعرفة
أصبح كل منا ينافس الآخر بعلم المنطق
أصبحنا نتفنن في تعريف المنطق ولم نتفق

فكل واحد يفسره بما يرضي مصالحه

115

سعودية في أول سطور الهوى

أصبحنا نطبق المنطق حتى في مشاعرنا
وكأنها درس نتعلمه ونسينا أنها كتلة مشاعر تكونت في داخلنا
فما زالت الطيبة تنتظرنا
وما زالت الأحلام تفتح ذراعيها لنا
وما زال علم المنطق يدرسنا

فماعلينا،،،

من يعرف المنطق؟

ستقضي الغالبية أكثر من ربع ساعة لتفسر معنى المنطق دون تفكير

سعودية في أول سطور الهوى

لحظات . . . عاهات

تمر بنا لحظات لا يوجد لها وصف غير العاهات ...
شلل يصيب الأفكار ... عندما تواجه واقع أمر من المر ذاته

نكران للحظات عندما تصطدم بواقع ... يدخلك في حالة سكر
تتوقع من جميع الأطراف الخذلان ... إلا من هذا الإنسان

فقد كان في يوم من الأيام "صديق الروح والهذيان"

صديقي..
في أيام ليس لها أي عنوان ... كانت تسكن داخلنا براءة أطفال
تحكي لي عن مستقبل فراشات في سمائه تطير
تسرقني لخيالات تريني موج البحر ألوان
أصاب بإحساس سهولة المستقبل وكيف له أن ينتظرنا أن يحترم
مخيلاتنا
وبين أسوار المدرسة يدور بيننا الحوار
ضحكات وخطط لمستقبل كأنه أحلام

خلسة ... سرقتك مني الأيام
وفي كآبة الليل الحزين ... تغيب ليوم ثم أيام
أقنعت نجومي بعودتك فبفقدان الصديق ... يصاب الكون بالخذلان
لجأت إلى القمر ... لعله يبحث عنك في أنحاء البلدان فلم أعد
لأسراري أستطيع الكتمان ... خفت لونه وأصبح نهاية الشهر بلا ألوان

117

سعودية في أول سطور الهوى

عدوا إصابتنا من فقدانك ...
أصبحت مثل الهذيان أحدث جميع من حولي عمن كان لي صديق
في يوم من الأيام
أين أصبحت أسطر الوفاء والبقاء في مذكراتك ...
صداقتنا أخوة يحلم فيها كل إنسان

كيف للصداقة أن تصبح ماضٍ ...
كيف لها أن تصبح في يوم من الأيام سراب

إلى الآن وأنا بين الكلمات حيران لم تعد ...
إلى الآن أحاول أن أعاند الكلمات وأنهي قصتي بعودتك ...
ولكن لم تخيب أفكاري فلم تعد

صديقي ...
من يخون وعده في يوم من الأيام تخونه الأيام
من يبيع الأيام للماضي يعيش بلا أحلام
من يتصفح الصداقة ويغلقها عند الصفحة الأخيرة بلا هدف ولا عنوان
يعيش ما بين الأوهام

كيف يأخذك الغرور وتستحل تفكيرك مغريات الدنيا
لن ألوم الأيام ولن أجادل الزمن في بعدك
فقد عشت الغربة في حياتك

سأرتل الآيات لوفاتك وأبدأها ببسم الله الرحمن الرحيم
وأنهيها بكان خير إنسان ... فلست أنا من ينكر الأيام

تحياتي لوفاتك ... وتحياتي لخذلانك

سعودية في أول سطور الهوى

ترتيب كلمات

مهما ترتبت الكلمات وأصبحت في خط واحد
يبقى معناها مجهول

بصدق أخطها وأحذر نفسي من نسيان النقاط
وسهواً أنساها

ليس كل من يقرأ يحتويه نفس الإحساس
نفس المعنى
نفس الذكرى
فكل منا عاش لحظاته

فمهما كتبت البعض سيخطئ الفكرة

هناك ثوانٍ تقربنا مما بداخلنا
ولها القدرة على أن تمحي أديان

أحياناً أعتصر أفكاري وأترجمها ما بين الخلدان
ترهقني محاولات تفسيرها فليس كل من يقرأ يفهم وليس كل من
يفهم يقرأ

ليت هناك طريقة تمكنني من الكتابة بنبرة صوتي
لتصل للطرف الآخر كما هي بداخلي
بعقلي
وبتفكيري

ليت لي القدرة على خط حروفي بتنهدات
صحيح للكتابة أستسلم
ولانسياب الأفكار أنجرف

ولكن دائماً يكون هناك كيف سيتقبلها الآخرون
فأحياناً يكون لمزاجيتنا تأثيرها على قراءة ما بين السطور

عندما أكتب "أأنت بخير؟"
من الممكن أن أراها حباً للاطمئنان
ولكن عندما أبكي سأراها سخرية أو شفقة
وعندما أكون محتارة سأراها شكاً

فلكل منا تفكيره في استقبال الكلمات

ولكن ليس بيدي حيلة فكلماتي تنجرف نحو الهاوية معلنة الانتشار

تُـرَّقّـــبّ ٱلّلّحّظُاّتٌ

سعودية في أول سطور الهوى

النهاية

أغلقت اليوم رواياتي
وبالحبر الأسود خططت آخر كآباتي
وبالشمع الأحمر حكمت بإغلاق أحزاني
قطعت تذكرة أفكاري لتسافر
لتجدد عهداً
وتوقع عقداً جديداً بدايته نقاء
يتوسطه فرح وبقاء
ونهايته أمل وحياة

وتعود بعد ذلك. . .

إما حروفي فغادرتني خجلة من البقاء
فلم تكن قبل الآن إلا العناء
كنت أخط كلمات الفرح وتنتهي بالبكاء
أما الآن فأنا في شوق لعودتها
في عناد مع نفسي لبدء صفحات السعادة
في صفحات تملؤها الضحكات
ألونها بألوان الفراشات
وأنثر عليها اللمعات
وسراً سأحكي للورق الأبيض .. موال
فبداخلي يسكن إنسان

122

سعودية في أول سطور الهوى

فلقلمي يا حروف زيني
ويا كلمات بالفرح تطايري
وبالأحاسيس ترنحي
فأنا هنا بالانتظار

لنبدء قاموساً جديداً
سنبدأه فرحاً وننتهي بالضحكات
ولن أنسى

فسأحكي لك عن ذلك الإنسان

الأمل المفقود

أحاط بي الرعب والأمل المفقود
تدور من حولي تضاريس الخمود
ترتسم على رأسي علامة اليأس
وخيوط العراء تكبل أفكاري

...

منذ بداية العام وأنا في داخل تلك الصومعة
أرتدي لباس المجاملات
ألون وجهي بابتسامة شفافة
وأتوج كلماتي بحروف مرصعة بالماسات

...

انتظرت وقتاً طويلاً
وتسارعت اللحظات الأخيرة
ومع تقارب عقارب الساعات

....

أصبحت للأيام الجملية لهفة
ولك يا أمل في حياتي لذة
سأحتضنك يا ساعاتي الباقيات
ولدنيا تعلمني كل يوم معنى الكلمات سأشتاق
...

سعودية في أول سطور الهوى

مهما تلاقفتني الأيام
ومهما تسابقت معي الساعات
سيكون هناك أمل ومهما كان الوصول إليه طويل
سيكون هناك حلم مليء بالنجوم والغيمات

....

وبالأمل ستكون لي بدايات
وستكون مع الأمل لي حكايات

...

فلك يا حب في داخلي أمل
وفي داخلي لك يا مستقبل سأعيشه نجاح
وفي داخلي لك يا حلم هدفاً

....

كم حزنت وكم من دموع بداخلي تصرخ
وكم عانيت وكم من حبيب فارقت

...

لم ينفعني نحيبي ولا سوء قراري
ولم تنفعني أحاديث من حولي

....

سعودية في أول سطور الهوى

فأنا سأبقى لنفسي
وأملي سيكون دربي
وضحكاتي سأشعلها في طريقي
وخطواتي سأرسمها هدفاً

...

فلتنتظري ولتستعدي يا حياة
فالخيار خياري والقرار قراري
أعدكِ سأصنع من أصابعي ألواناً
ومن كلماتي قاموساً

يترنحون أملاً ومستقبلاً وأحلاماً وفرحاً

سعودية في أول سطور الهوى

من معجم الكلمات

معزوفتي

بدأت معزوفتي
عزفت الأنغام، عشت الأحلام
وتألمت من جرح الأوتار ....

لم تكن مجرد كلمات فحسب .. بل كانت معزوفة لا يتقنها إلا الفنان

بدأت أتعلم أبجديتها وكالمحترفين عزفت الحب بالقيتار
بدأت ويدي بيده نرسم مقطوعات تتحدث عنها الأزمان
نرسم لوحاً ... نرسم عشقاً

لكن...

الغيم الأسود والأمطار "افسدت" لوحاتي والألوان
فــأبكاني حنيني .... وبدأت الأحزان

جرح بيدي خلق من أوتار القيتار
يوقظني من أحلام لم تخلق إلا في الأوهام
حزينة كانت أوتاري تتأرجح وتتسابق لتخلق الألحان
محاولة أن تعيد لي لحظات مرت كشهاب خطف الأنظار

لم نتعلم أن الحب يخلق بداخلنا الأحزان
ولم نتمرن لعزف الآلام

تعلمنا أن الحب ينتظر فارس الأحلام
وتنتهي القصة بـ عاشا بسعادة ووئام

سعودية في أول سطور الهوى

لست أنا.. وليست قصتي
فقد أبعدتهُ عن عشقي وكياني
أنسته وعوده لي، أنسته بقاءه معي

اكيف لكل هذه الكلمات القُدرة على النسيان

شوق عيني ينتظرك ...
لتمسك بيدي وتأخذني لعالم كان ياما كان
لعالم أنا وأنت كيانه
عالماً لم يخلق للإنسان

ولكن.. آه من لكن
أصابعي نزيفها لم يلتئم فقد خانتها الأوتار
وما أصعبها من خيانة
لم تكتب في التاريخ ولا في كتب الأديان
ترجمها العقل ورفض القلب تقبلها

فلم يكن سوى للاستسلام كيان

حالة من الصمت

حالة من الصمت
أم مرض أصاب قلمي
لم يعد ينحني ليستسلم لسواد الحبر
فليس فيه حبراً يكفي ليترجم أحاسيسي

أحاسيس ممتلئة تشعرني بالازدحام الكياني
ازدحام لا وجود له إلا في خيالي
أشعره ولا أجده .. أصبحت أهذي مثل قلمي

من يوافقني في رأيي
أحياناً تصيبنا حالة الازدحام اللاوجودية
نشعر بامتلاء أفكارنا وفي الحقيقة يمكننا السيطرة عليها ولكن لا نرغب

نحاول التخلص من بعضها فنلجأ لنفث غبارها على من حولنا
محاولين إيجاد من يسمع نفثات الغبار

ولكن كيف لي أن أنهزم لتلك الأحاسيس
لم أعد أعرفني فليس أنا من لا يمكن له هزم نفسه
فلترجعي يانفسي ولترتمي في كومة الافكار

سعودية في أول سطور الهوى

من أكون

ومن أنا لكي أمتص أحزان الآخرين وأحتويها كطفل
كأنني تلك الليلة أغرقت رسالة الفرح العظيم في ذلك البحر العميق

ربما كانت تلك البحيرة تحمل تعويذة الحزن المستديم
فاحتضن البحر كلمات الفرح والسعادة وأصابها بالخمول والكآبة

لم يشدني أحد ليظللني الطريق
بل بكلتا رجلي زحفاً اتخذته
لم يكتب في بدايته توقف أو أية إشارة تدلني للطريق الصحيح

سلكته ومعه أخذت مطبات الحب وعثراته
أجبرت على السير في خط لن يوصلني للسعادة ومليء بالمخارج
الزائفة

فكلما حاولت الهرب من مخرج انتشلني آخر
اكتفيت .. ولم يعد هناك أي مخرج إلا الأخير
حذرت نفسي منه ولكن ليس لعاشقة مثلي في حالتها البالية
المنهارة أي خيار
فلو سلكته سأرتدي "التحطيم"

لم ندرس قصص الخيال ولم تحكي لي جدتي أن الأحلام أكاذيب وإن
ليس كل ما نحلم به على وسادتنا الصغيرة المليئة بالأحاديث لا
يتحقق
فلم أحقق سوى الكوابيس

131

سعودية في أول سطور الهوى

أنا من رسم للحب أساور
أنا من علق أطواق الأزهار

ولكن من أخدع.. لأخدع نفساً بالجروح تلونت
وبالأعذار تخبطت

تعلمت السير في ذلك الطريق وبيدي رسالتي
الحب لي وأنا لهُ
وبيدي الأخرى سعادتي

فغدر الحب بي
وسعادتي ألقيتها للبحر

أما الآن فليس هناك سوى نفسي
إما أن أرتب أركانها من جديد
أو أنهار وأنهي ما تبقى لي

فلم يعد يهمني حب الأساطير
فقد اكتفيت

تحياتي لك يا حباً عشقته
وعذراً فنفسي أمانة لي

لك يا زمان

لك يا زمان ... "قسوة فيه على نفسي"
إلى متى .. إلى متى سأكتبك انتحاراً
قسوة على روحي ... والتففت على أنفاسي اختناقاً
انتزعت مني جميع أوراقي ... أصبحت كشجرة آذار العارية

اكتسحت نيرانك جميع أغصانها

فليس لي أي ملفى ..
وأصبحت عارية كلماتي متجمدة أحاسيسي ...
تحولت إلى رماد ينفثه الأسى

طوقت السلام لك مع الطيور ..
أعلنت لك الإخلاص مع النجوم
تجاهلتني .. وطويت زمانك بنيران ولهي

شارفت على الانصهار ... انتزع الشحوب ألواني
يا زمناً تحداني ... سأحتضن في مخيلتي ذكرياتك
وأهلك شوقي انحرافاً فيك
وأزفر حسراتي اللامتناهية بك

ااا اه يا زمن أثرت التساؤلات
أرقت ليلي
وأرهقت ابتهالاتي

سعودية في أول سطور الهوى

بين جدرانك ومحرابي:
وحيدة
منطوية
تركتني ...
منعزلة
مكسورة
مخذولة
خلدتني ...

يا زمن ... هذه نهاياتي
انتشلني
أغثني
انتزعني
فقد بدأت الغرق ... بدأ البحر يطويني بين موجاته
لم يعد للحكمة في تاريخي سبيل
ولم يعد للصبر بين أضلاعي طريق

انتهت كل خربشاتي
انتهت كل طيشات الهوى
وبدأت ليلي والأنين
بدأ السواد يثير الابتعاد
متى .. ومتى
لا أدري
لا ادري
رغم جميع الفوضى ورغم جميع الوعود المنهكة
سأنتظرك كما أنا

النهايات

سمعت عن النهايات وعن اختلاف الوصول إليها
سمعت عن نهايات حب ... نهايات صداقة ...
نهايات أيام وساعات ... وسمعت بفاجعة الفراق وانتهاء قصص العشق...

لم يكن في الحسبان ...
لم يخطر في بالي للحظة ان أكون أنا التالي...
أنا.. تطرق النهاية أبوابي قبل أن أبدأها عزفاً
لم ولا أذكر هذا ماكتبناه في ورقتنا ...
تلك الورقة البيضاء اللتي لونتها وعود وعهود ومواثيق ...

أذكر همساتك وكأنها الآن تحدث..
"سأكون هناك بقربك ومعك وحولك .. سأضم فيك عناء سنيني"

وأنا كطفل ... انتظرتك في تلك الزاوية وكان هذا الخيط الوحيد للأمل

::

عشتك أياماً ... وعشتك إلهاماً
عشتك تضاريساً ... وعشتك أحاسيساً

والآن أتمزق في داخلي
فقد أحسستكِ ترحلين ..

أيمكن لكلماتي أن تبقيك؟
فأنا .. أنا أحتاج لبقائكِ حولي فلا حياة لي من بعدك
ابقِ ... فجسدي محتاج لنبضي
فبفراقك ... لن يكون لي نبض دونك

:::

أعدكِ لو بقيتي ... أن
أكون ضحكاتك
وآلامك
وهمومك
وانكساراتك
وفرحك
ودموعك
ورقصاتك

فلن أكون ببعدكِ إنسان ولن تكوني في بعدي أحلام

أعذب قيود الحب كانت قيودك
ووطن العشاق كان وطنك وحضنك
ابقِ .. لا ترحلي
فلم يبقى لنبضي غير السكون

لم يبقى لعيني غير السواد والدموع

ببعدكِ ستهزمين رجولتي ... وتهلكين مشاعري
أعلم وبيقين داخلي، أعلم أن أرواحنا في السماء تتعانق كل ليلة
تخترق أحاديثهم حصون الشرق والغرب
وتزلزل عالم الجنون وترفض أية نهايات

:::

أبعد هذا لكِ رغبة في النهاية؟؟؟

اعلمي ... بأنكِ مهما تألمتي فإن روحي ستنهار ألماً ومع هذا
سأصمت لأنها منكِ
واعلمي.. أني أشتاق لذلك الألم عندما أحتضنه منكِ

حبيبتي... لم أعد ذلك الباحث عن اللهو والحكايات الصغيرة
حبيبتي... لم أعد أنا الباحث عن الفراق والنهايات المثيرة
حبيبتي ... رغم المسافة ورغم البعد أنتي كل شيء في كياني

أنا وأنتِ ... بدأنا الحكاية ولن تنتهي إلا بنهايتي
أنا وأنتِ ... لم نختر الحب ولكن الحب من اختارنا في دربه
اكتفيت من كلماتي وحروفي باتت للانصهار ملاذاً

فلتبقي فليس لي قدرة على الفراق والنهايات والشوق واللهفة
والطرق الكئيب ...

صراع بين النفس والروح

صراع بين النفس والروح يشد كل منهما الآخر أحدهما باحث عن العقل والآخر تسيطر عليه المشاعر .. تلتفت لحظات تجد نفسك بين هذا وذاك والحيرة تغزو أفكارك ...

بالتفكير في صراعهم .. أجد نفسي منصهرة تحت كومة مشاعر منقضة عليها كومة من العقل تلومني على ما أوصلت مشاعري إليه

تلومني على الاستهانة بقانون الإنسانية وحماية الطيبة الداخلية
ليس باليد سوى العتاب ...
فما قد فات لم يعلمني سوى دروس في الحياة
دروس استشفيت منها إن "كنت صامتاً .. طيباً تستغلك الحياة"

للأسف لم تستغلني الحياة وحدها فقد أصابني الجفاف فالكل أخذ جرعته مني
كنت بين الناس من حولي أسطورة
يتحدث بين ملامح وجهي الجمال
وترتعش البراءة داخلي
تلتهمني الضحكة فرحاً
وتغزوني مساعدة الناس

أغرتهم ضحكاتي ... براءتي ... طيبتي ... فرح روحي

سعودية في أول سطور الهوى

أصبحت للكلاب فريسة
يحاول الجميع تنهيشها
والبعض غارس أظافره حول عنقي والآخر طاعنني في ظهري

يا له من عالم ...

آه من أناس تمنيت لو كان في داخلهم النقاء
أناس تدعي الصدق وفي داخلها ينتشر الكذب
أناس يرتدون الوفاء عباءة ومن داخلها ملابس الخيانة

كنت لهم أصغي ... لم أعتقد أن هذا غباء

أذكر ذات ليلة يلبسها الضباب ...
بينهم جالسة مختلسة الأفكار من عقولهم
فهذا تملأه الغيرة وذاك ينهار حقداً في داخله

لما ... لماذا أنا؟
هل طيبة قلبي وطهر عقلي من أوصلاني لهذا المكان؟
أصبحت أعانق الخوف كل ليلة مبتعدة عن كل من حولي ...
الناس الآن ... ليس بين أفواههم سوى قيل وقال
لم يعد يجذبهم أي حديث عن التاريخ أو عن فلسفة الحياة

أصبحت الأفكار المنعدمة هي أساس أحاديثهم ...
أما من حولي فالغيرة هي أساس الحياة

فقد اعتادوا على بيعي وسرقتي واحتلال مشاعري ...
وهذا من أسوأ الأحاديث الآن

ماذا لحروف ترتعش بين أضلعي أن توصل لهذا وذاك ...
اكتفيت من الجميع

من بين جروح بمياه البحر مغسولة انتزعوا ثقتي

خلدوا في داخلي ثقة دامية ...
كلما أصابها الارتياح أخمدتها أفكار العقل

أرتشف الأفكار الجميلة من بين الأكواب ..
أبحث عمن له يمكن أن أبوح بسر داخلي ينهار
أنبش الرمل على أمل أن أدفن مشاعري كي لا أنهار

آلام .. ثقة منهارة ... مشاعر محطمة ... كلمات باكية ... نبرة صوت مبحوحة.. عيون غارقة ... أفكار وعقل في صراع

هذا ما ولد في روحي من دروس تعلمت قوانينها بالمشي على الزجاج

انتزعوا ما بداخلي من براءة ...
ومن حلم صغير بنيته من دموع مثارة
أأقول لكم اكتفيت؟ وهل ستسمعون صرخاتي؟
هل سينفع ارتفاع صوتي؟

سعودية في أول سطور الهوى

أنا بالفعل اكتفيت ... فروحي تستغيث
ولها سألبي ... ليس لها سوى نفسي
فقد تنازلت عن الجميع ...

شكراً لمن لقنني دروس عصيان الحياة
شكراً لمن تفنن في رسم جذور الغدر وانعدام الوفاء
أرفع قبعة الصبر شاكرةً من أراني كيف للطيبة أن تكون غباء
تحية لمن تنازل عن كرامته لبيع صدقي
تحية لمن تنازل عن دماء تربطنا للعب في مشاعري
تحية لمن داس على ذكاءه بحذائه القذر محاولاً أن يلوث اسمي
تحية لكل من حاول أو تمرد على روحي في يوم من الأيام

فليستمر الصراع بينك يا عقل ويا مشاعر
فجمال روحي باقٍ، وملامح وجهي تثير الكلام.

سعودية في أول سطور الهوى

تجاعيد الحنين

تجاعيد الحنين للماضي أعادتني لبداية لقائك
يوماً تلاقينا فيه في بداية الأسطورة
بداية كانت كموال عراقي يذيب المشاعر شوقاً
ولكن ...

وما بعد تلك الكلمة من هجران
حاولت زحفاً على الأقدام أن تمحي ذاكرتينا
أن تمسح حباً أثاره الغموض
وتحلق عالياً بالذكريات
حاولت حتى وصلت لما وجدته صواباً من خيالاتك

واليوم يا سيدي تعود؟
أنسيت كيف اختلست خطوات الرحيل
وكيف تنازلت عنما كنت بوصفه تهيم
وكيف أسدلت ستار النهاية وكأنه كان حباً عقيم

بعد كل هذه السنين تعود لتسألني عن الحنين؟
وعن جنون الليل ؟؟؟ وعن الحب الدفين؟

تعود حاملاً حقيبة من الذكريات
حقيبة بداخلها حباً وأوراق
في داخلها أسرار عيون
وأي ذكريات. .
كم هو شعور الاستسلام والانصياع خلف الذكريات

142

سعودية في أول سطور الهوى

لم أعتد الاستسلام
ولكن أحياناً يكون ذلك المسكين محتاج للعناق
فقد أرهقه الفراق
وخنقته المسافة والوحدة

لهذا سوف انصاع لك أيها الحب
سوف أترجم معانيك أكثر وأتعمق بين سطورك أكثر
فلن أخذل قلبي مرة أخرى

فهذه لحظته في استرجاع ما يريد
ولحضنك سأرتمي ولجنوني سأهتدي
وربما أنصاع لجنونك فمن يمكن له التخمين
فلم يتزحزح ذلك الحب من بين شرايين قلبي الصغير
فعانقني وبالجنون أوصفني
وبنظراتك لعيوني أسرقني

سأكبلك بأغصان الورد الأحمر
وبرائحة الخزامى سأرهقك عشقاً
وبالياسمين الأبيض سأتنفسك شوقاً

سعودية في أول سطور الهوى

دورة الأيام

تدور من حولنا الأيام مبتلعة معها ما تبقى لنا من ذكرى
تمحي ما تبقى لمن عشقنا من ملامح
تحتلنا وتجبرنا على النسيان
نصحوا ذات صباح محاولين استحضار ملامحهم
ذكرياتهم
وجوههم
ضحكاتهم
لكن يخوننا التفكير

وجودهم كان أمل قلمي في التعبير
عشقهم كان حريتي إلى حدود المستحيل

لك أنت ..
أعذرني فقد يخونني التعبير
فلم أكن أنوي الرحيل
ولكن هربت خوفاً من اللهفة
خوفاً من حب لم يكن له مثيل
أصابتني حالة من السكون
وأثارت حروفي الحيرة
فقبل الغياب كنت وسأكون
تلك العاشق المجنون

144

سعودية في أول سطور الهوى

كنت أحترق شوقاً لنلتقي يوماً ويعود ما كان ليكون
الآن تقابلنا..
وبدمع دامي طلبتك عذراً
فلهفتي تسابق خطوط قلمي
وقلبي يرتجف
يشتعل

يتراقص خوفاً فلا يعلم أتحتضنه أم تنسى من يكون
تمنيت أن أراك وعيناك تهمس بأن الرحيل لم يكون سوى كذبة
وأن السؤال من بين أفكارنا هرب ولا يريد إجابة

وجدتك قسوة خلقتُها فيكَ ببُعدي
وجدتني مرهقة تنازع لتجمع ما تبقى من أشلائي
وجدتك تتفنن في عذابي
وجدتني أمنحك الدفء الذي أحتاجه

بعد هذا وذاك ... سمحت لأحاسيسي أن ترسم لي الكلمات
وتبعدني لعالم الأحلام فأنا أحتاجه في هذه اللحظات

سأقاوم المسافات وبحبي سأعاند قسوتك
وبالأمل الباقي سأنسيك الفراق
فليس هناك أجمل من أن تكون لي وأكون لك من بعد غياب

دمت لي بلا فراق ...

عــــذر

تعبت أبحث لك ولغيابك عن أعذار
ألتمس لك آثاراً في زوايا البيت
وبجنون عقلي أحتار،،،
أأصبحت لحبك كارهاً؟
أم لكرهك أصبحت مشتاقاً؟

تتخبط الأفكار في رأسي
تشكل حولها تفاصيل الحياة
وتختلق لك الأعذار

ولكن أي عذر هذا
فلا يوجد لعدم الاهتمام أعذار

أرسم حاجتي لك على ورق فيصير دخاناً
أنحت الأشجار بلهفتي فيك فتصير رماداً
والبحر يتبخر فيفرش الغيم في السماء لتساعدني على البكاء
بفقدانك

أنت لي حاجة ملحة من غيرها أصاب بالانهيار
أنت لعيني شوق يفتعل البكاء
أنت لروحي مجاعة وسكينة وهدوء لتتنفس الحياة

ولكن ماذا أكون أنا لك؟
فقد بنيت عوائق بيننا وليس بيدي أن تنهار
يرعبني شموخ الحواجز بيننا

146

سعودية في أول سطور الهوى

فقد أصبحت لمشاعري لا ترى
ولا لحب في سواد العين تهوى

ما الحل معك يا سيد قلبي؟
هل لديك أي جواب؟

فقد أصاب روحي الملل
واعتصر قلبي الرعب
وأرهقت أفكاري الأسباب

لو لم تعلم ماذا من بين عينيك أرغب!
سأروي لك ماذا من قلبك أحتاج

اهتمام يثير غيرة من حولي
قبلات تصيب روحي بالانهيار
صدق يفترس الكلام حقيقة
وحضن ألجأ إليه في ليالي الشتاء

أرغب فيك قصصاً أرويها لعالم الجن والإنس
هذا كل ما أريد ... فهل لك أن تلبي يا سلطان؟

قبل أن تثرثر بين الكلمات وتصيب عيني بالنعاس ...
لم أعد أحبك كما كنت فهل بيدك أن تعيد ما كان؟

كلي آذان صاغية وكلي لرياح جوابك معانقة
فلترمني بحروف جوابك لتتوه بين سمعي ألحان

فهلا أعطيتني ذرات اهتمام؟

147